Carole J. Lambert

·

From Proverbs to Parables

The Creative Wisdom of Jesus

Peter Lang Publishing

2021

Кэрол Дж. Ламберт

·

От Книги Притчей —
к притчам Евангелий

Творческая мудрость Иисуса

Библироссика

Санкт-Петербург

2025

УДК 232
ББК 86.37
Л21

Перевод с английского Натальи Сидоренко

Серийное оформление и оформление обложки Ивана Граве

Ламберт, Кэрол Дж.

Л21   От Книги Притчей — к притчам Евангелий. Творческая мудрость Иисуса / Кэрол Дж. Ламберт; [пер. с англ. Н. Сидоренко]. — СПб.: Библиороссика, 2025. — 192 с. — (Серия «Современное религиоведение и теология» = «Contemporary Religious and Theological Studies»).

ISBN 978-5-907918-45-0 (Библиороссика)

Цель этой небольшой книги — показать, что евангельский Иисус находился под сильным влиянием Книги Притчей из древнееврейской Библии (Ветхого Завета). Как объясняет Кэрол Дж. Ламберт, некоторые из его притч, вероятно, были задуманы как комментарии к конкретным стихам этой книги. Кроме того, он творчески переосмыслял ключевые идеи Притчей, связанные с темой Премудрости, а также оспаривал интерпретацию, по которой мудрые неизменно получают награду, а глупцы — наказание. Во второй части книги исследуется, что повлияло на творческий метод Иисуса: какими могли быть источники его образованности, почему он избрал путь расширения содержания отдельных библейских притч и каким образом его мудрость обогатила традиционные представления — например, концепцию «Царства Божьего».

Автор представляет Иисуса как мыслителя и рассказчика, искусно сочетавшего глубокое знание письменной традиции с силой живого слова. Книга будет полезна не только специалистам по Новому Завету, но и всем, кто интересуется библеистикой, историей религии и духовным наследием Иисуса из Назарета.

УДК 232
ББК 86.37

ISBN 978-5-907918-45-0

Благодарности

Я очень благодарна всем тем, кто оказал особую поддержку этому проекту. Моя замечательная заведующая кафедрой, доктор Уинди Каунсел Петри, около трёх лет назад предложила мне написать эссе на тему «интеграции веры» объёмом около пятнадцати страниц. В итоге это эссе превратилось в статью длиной шестьдесят восемь страниц, предложение написать книгу и контракт на рукопись, которая стала этой книгой. Моя студентка, мисс Сара Шахан, которая училась у меня как в бакалавриате, так и в магистратуре, была моим добросовестным и компетентным научным ассистентом на этом пути. Миссис Ребекка Руссо помогла мне с первоначальной заявкой на книгу, а также своими комментариями к Части II. Доктор Марша Фаулер и наши коллеги из её исследовательской группы оказывали мне еженедельную поддержку осенью 2019 года. Мой дорогой муж, с которым я прожила пятьдесят три года, почётный профессор Дэвид Э. Ламберт, ежедневно помогал мне своей любящей поддержкой, отличными идеями и потрясающими исследовательскими навыками. Да благословит Бог каждого из вас!

Введение

Цель этой небольшой книги — показать, что Иисус как автор, творец художественного слова находился под значительным влиянием Книги Притчей Еврейской Библии. Во-первых, в книге «От Книги Притчей — к притчам Евангелий. Творческая мудрость Иисуса» высказывается предположение, что Иисус создал некоторые из своих коротких притч, основываясь на конкретных стихах из Книги Притчей. Во-вторых, в ней говорится о том, что Иисус при создании своих притч развил некоторые базовые представления Книги Притчей, связанные с темой Мудрости. В-третьих, в настоящей книге показано, как Иисус отрицательно реагировал на широко распространённую точку зрения, согласно которой общий принцип мудрости, заключённый в Книге Притчей, сводится к тому, что мудрые вознаграждаются, а глупцы наказываются Богом через их собственные разрушительные выборы и последующие поступки.

Книга Притчей адресована мужчинам, а Евангелия показывают, что Иисус расширил аудиторию, к которой адресована его мудрость, включив в неё женщин, которые, вероятно, были неграмотными в его эпоху; женщины также стали некоторыми из ключевых персонажей в его притчах — достойными восхищения фигурами, в отличие от соблазнительниц-прелюбодеек из Книги Притчей. Более того, женщины любили слушать его учение, что подтверждается историей о Марии, сестре Лазаря, которая пренебрегла помощью своей сестре Марфе в приготовлении пищи для Иисуса, за что Мария получила от него похвалу (Лк. 10:42). Таким образом, притчи Иисуса представляют собой расширение традиционного понимания мудрости, разделяемого современной ему аудиторией, как евреями, так и язычниками.

Таким образом, книга «От Книги Притчей — к притчам Евангелий. Творческая мудрость Иисуса» важна для читателей по двум причинам: (1) в ней говорится об Иисусе как авторе, создающем свои собственные художественные произведения, — роль, которая не часто ассоциируется с его именем, и (2) в ней предлагается более глубокий взгляд на упрощённые представления о библейской мудрости. В Части I показано, как Иисус мог создавать свои рассказы на основе конкретных изречений Книги Притчей. В ней говорится о «притче» как прозаическом рассказе с насыщенным действием сюжетом, а не сводящемся только к символу, метафоре, сравнению или аллегории. Поэтому выбор евангельских отрывков, отнесённых к притчам в данной книге, может отличаться от представленного в других исследованиях учения Иисуса. Общая тема всех этих притч — мудрость: Иисус как мудрость (1 Кор. 1:24), изрекающий учение мудрости так, как до него никто не делал. Основное внимание уделено притчам, приведённым в Евангелиях от Матфея, Марка и Луки, без учёта *Евангелия от Фомы* и других неканонических источников.

В Части II говорится об Иисусе как самоактуализированном авторе, который воплощал своё художественное творчество в словах, приемлемым для еврейской культуры способом, поскольку создавать материальные объекты, которые могли бы стать идолами, было запрещено. Его ремесло плотника могло подтолкнуть его к искушению: вырезать или построить эстетически привлекательные объекты, вызывающие излишнее восхищение. В этой части книги рассматриваются следующие вопросы: что сформировало художественный талант Иисуса, каким образом он мог получить образование, почему он мог выбрать творческое развитие отдельных изречений Книги Притчей для создания своих нравоучительных историй и как преподаваемая им мудрость углубляла и расширяла традиционное представление о мудрости, включая и проясняя привнесённое им понятие о «Царстве Божьем». Надеемся, что результат этого исследования представит Иисуса как личность ещё более многогранную, чем он воспринимался в христианской традиции, и раскроет понимание мудрости, выходящее за рамки Книги Притчей и традиционных интерпретаций, основанных на ней.

Например, одна из богословских концепций, которую можно извлечь из мудрости притч Иисуса, — это крайняя щедрость Бога, которая часто превосходит достижение совершенной справедливости; она явлена в Притчах о блудном сыне (Лк. 15:11–32), щедром владельце виноградника (Мф. 20:1–16) и предусмотрительном управляющем (Лк. 16:1–13), о чём подробнее будет сказано в Части I. Другая концепция заключается в том, что «Царство Небесное» — это медленный, тихий и мощный процесс жизненного роста, примером которого являются семена, растущие незаметно, но в конце концов пробивающиеся из-под земли, цветущие и приносящие плод, как об этом говорится в Притче о сеятеле (Лк. 8:5–8), Притче о другом сеятеле (Мф. 13:3–9), Притче о пшенице и плевелах (Мф. 13:24–30), Притче о горчичном зерне (Мф. 13:31–32) и Притче о тайном росте семени (Мк. 4:26–29). Подобно авторам Книги Притчей, Иисус сосредоточен на глубинных изменениях личности своих слушателей и читателей, а не на поверхностном исполнении Закона — подход, который будет более подробно проанализирован в Части II. Люди, как и семена, загадочным образом становятся тем, кем они по своей природе были предназначены стать, — надо надеяться, постепенно приближаясь к образу Божию, который они носят в себе. Такой рост личности возможен даже среди тех, кто не был физически исцелён Иисусом (примером является Иов, сохранивший свою целостность, несмотря на все страдания), а также среди «изобилия плевел» (например, сам Иисус продолжал действовать среди своих противников — книжников и фарисеев, среди тех, кто был лишён стойкой целостности Иова, и даже имел дело со своими двумя учениками, предавшими его, Иудой и Петром). Понимание ситуации, в которой действовал Иисус, а также преподаваемого им понимания мудрости, должно изменить к лучшему слушателей и читателей его притч.

Термин «предпасхальный Иисус», который использует богослов Сандра Шнайдерс в своей книге «The Revelatory Text: Interpreting the New Testament as Sacred Scripture», будет здесь центральным, поскольку Иисус был автором притч, творцом художественного слова в своей земной жизни, и поскольку Евангелия дают понять, что он не рассказывал притч во время своих явлений ученикам после воскресения. Для нас будут важнее те отдельные изречения Книги Притчей Еврейской Библии, которые, по-видимому, связаны с притчами Иисуса, с литературными текстами, как они записаны в Евангелиях, чем рассуждения об их авторстве и размышления об их источниках. Многие библеисты считают, что притчи, в сущности, принадлежат к числу самых достоверных изречений Иисуса. Крейг Л. Бломберг отмечает: «...притчи... уже содержат ядро материала, признанного аутентичным почти всеми школами интерпретации, и аргументы о ненадёжности традиции в других местах обычно к ним не применимы» [Blomberg 2012: 128]. Он продолжает: «Не возникло никаких аргументов, которые бы убедительно оспаривали аутентичность притч; исследователи, использующие некоторые новые методы, довольно мало интересуются историческими вопросами» [Blomberg 2012: 189] — и уточняет: «Притчи, находящиеся в Синоптических евангелиях, можно принять за аутентичные высказывания Иисуса, если считать аутентичностью *ipsissima vox Jesu*, а не только *ipsissima verba Jesu*» [Blomberg 2012: 193]. Таким образом, сами тексты представляют собой важные литературные артефакты, готовые для отклика слушателей и читателей. Для получения свежего и детального обзора взглядов библейских учёных на притчи Иисуса и их интерпретацию можно обратиться ко второму изданию книги Бломберга «Interpreting the Parables».

Я выбрала Книгу Притчей в качестве ключевой книги, представляющей литературу Премудрости, из-за её древности. Например, Карел ван дер Торн отмечает, что жанр, в котором написаны книги Екклесиаста и Иисуса, сына Сирахова, восходят к Книге Притчей [Van der Toorn 2007: 25]. Однако исследование Писания показывает, что многие идеи из Книги Притчей также встречаются в других книгах литературы Премудрости, или *Ктувим* (Писаний), особенно в Книге Псалмов и Книге Иова. Отдельные ссылки на эти тексты также будут использованы в данной работе. Майкл В. Фокс в своей книге «The Anchor Yale Bible Proverbs 1–9» признаёт, что Книга Притчей, созданная «бесчисленными поколениями неизвестных мудрецов» [Fox 2010: 3], предлагает не только руководство по жизни — «предписания, нормы и ориентиры для достижения благополучия, порядочности и достоинства» — [Ibid.: 3], но также «новый принцип: мудрость» [Ibid.]. Он также признаёт, что Иисус, сын Сирахов, основной автор книги Сираха, «черпал своё вдохновение в Книге Притчей, заимствуя использованные в ней литературные формы, отдельные выражения и идеи, цитируя её и адаптируя её материал. Зачастую он оказывается первым интерпретатором Книги Притчей» [Ibid.: 25].

Иисус, сын Сирахов, работал с Книгой Притчей около 180 года до н. э. [Fox 2010: 24]; следовательно, его творческое использование этих текстов могло повлиять на Иисуса, который во время своего служения, рассказывая свои притчи, также адаптировал и расширял изречения Книги Притчей. Моя гипотеза, представленная в книге «От Книги Притчей — к притчам Евангелий. Творческая мудрость Иисуса», состоит в том, что Иисус использовал этот «новый принцип» «мудрости», одновременно расширяя его значение. В представлении Иисуса, «достижение благополучия, порядочности и достоинства» включает признание и верность «Царству Божию» и вечной жизни, как будет показано ниже. Он расширяет понятие «мудрости», говоря пророчески об этом «Царстве Божьем», используя традиционное средство обучения — раввинистические притчи — творчески. Дэвид Баттрик отмечает:

> Я предполагаю, что Иисус использовал хорошо известную в еврейской традиции мудрости форму — притчу, но применил её пророчески. Быть пророком в Израиле означало говорить от имени Бога, обличая моральный упадок и склонность к идолопоклонству, характерную для народной религии. Эти инвективы основаны на призыве Израиля к святости — как одной из сторон завета со Святым Богом. Пророчество также направлено к «Сиону», осуществлению всех обетований, данных Богом [Buttrick 2000: 20].

«Царство Божие» Иисуса — это новый подход к «Сиону». В. Ф. Олбрайт и К. С. Манн, авторы «The Anchor Yale Bible Matthew», утверждают, что «сам Иисус, как и большинство раввинов раннего времени, опирался на силу устной традиции, особенно в своих притчах» [Albright, Mann 2011: xxxviii–xxxix].

Фокс и другие комментаторы отмечают, что Книга Притчей

> явно является светским произведением. В ней нигде не говорится, что она была записана в результате божественного откровения или что является богодухновенной. В ней нет слов, сказанных непосредственно Богом, и в ней нет обращений к Богу. Она никогда не играла роли в ритуальной жизни Израиля — ни в храме, ни в синагоге. Фактически она никогда не была и до сих пор не является объектом формального обучения в академиях раввинов [Fox 2010: 7].

Таким образом, это «светское произведение» оставляет место для духовной интерпретации Иисусом, который рассказывал свои притчи устно. Он мог это делать, не оскорбляя тех, кто почитал богодухновенность Закона и Пророков; он мог создавать свою интерпретацию, основываясь на мудрости, уже знакомой его слушателям, но при этом не оскорбляя их религиозных чувств новым прочтением книги, которая не стала частью ритуала их богослужения. Кроме того, он мог воспользоваться тем, что эта книга не была «объектом формального обучения в академиях раввинов». Иными словами, Иисус мог заполнить духовный вакуум своей новой мудростью и ви́дением «Царства Божьего».

Здравый смысл и человеческий разум теперь должны быть наполнены Божьей благодатью и ви́дением его «Царства». Фокс признаёт, что изречения Книги Притчей «по своей природе весьма изменчивы. Притчи-изречения претерпевают постоянные изменения при устной и письменной передаче, и некоторые из этих изменений являются *нововведениями* [sic], а не просто ошибками» [Ibid.: 5]. Иисус, возможно, воспользовался этой изменчивостью, чтобы переработать некоторые из притч-изречений в своих притчах. Фокс отмечает, что Книга Притчей была завершена «задолго до Иисуса, сына Сирахова, <...> писавшего в начале II века до н. э., так как он находился под сильным влиянием Книги Притчей» [Ibid.: 6]. Таким образом, во время своей земной жизни Иисус имел доступ к изречениям, собранным в этой книге. Вопрос о том, как он получил образование и как изречения Книги Притчей использовались для разучивания при обучении мальчиков, будет рассмотрен в Части II.

Моя гипотеза, которая заключается в том, что Иисус, составляя свои притчи, художественно переосмыслил некоторые притчи-изречения из Еврейской Библии, чтобы пророчески расширить понимание традиционной мудрости его слушателями (а позднее — читателями), отличается от предлагаемой другими исследователями интерпретации цели, которую преследовали его притчи. Например, Олбрайт и Манн рассматривают их преимущественно как «литературную форму, возникшую из казуального права» [Albright, Mann 2011: cxxxix], которая демонстрирует, как Закон должен применяться в реальной жизни. Они утверждают: «наша главная идея заключается в том, что притча была литературным приёмом, возникшим в ходе интерпретации закона, данного при заключении Завета» [Ibid.: cxlv]. Дж. Маркус, автор «The Anchor Yale Bible Mark 1–8», считает притчи Иисуса «оружием войны»: «Он [Иисус] сражается в "притчах" <...> эти притчи являются не вечными максимами, а оружием войны, и эта модель будет характеризовать всю последующую речь Иисуса, ведущуюся в притчах» [Marcus 2010: 281]. Своей таинственностью и многозначностью притчи защищали Иисуса от нападок врагов. Раввин Фрэнк Штерн соглашается, что они были мощными средствами «самозащиты» [Stern 2006: 259]. Возможно, мой анализ не противоречит выводам этих учёных, так как притчи Иисуса могли служить множеству целей. Моя цель — подчеркнуть художественную силу и новаторство Иисуса в формировании обновлённого взгляда на традиционную мудрость.

Следуя постмодернистской конвенции, предписывающей автору «локализовать» себя для читателя, я должна указать, что получила светское академическое образование и придерживаюсь твёрдой христианской веры в божественность Христа. Я училась у многих выдающихся учёных, включая Роберта Альтера, на факультете сравнительной литературы Калифорнийского университета в Беркли, где я была аспиранткой с 1979 по 1986 год, а также у Эли Визеля и Петера Л. Бергера в Бостонском университете, где преподавала с 1995 по 1998 год. Я была «рождённой свыше» пятидесятницей, которая затем стала пресвитерианкой, а в 1986 году перешла в Римско-католическую церковь. Этот богатый жизненный опыт — как интеллектуальный, так и духовный — делает меня несколько нетипичным библеистом, одновременно предоставляя мне возможность изучать Священное Писание с художественной и этической точек зрения, что и является моей целью при написании этой книги.

Хотя я читаю на английском, французском, немецком, испанском, итальянском и латыни, я не изучала еврейский и греческий языки, что является необходимым для серьёзных библейских исследований. Обладая докторской степенью по сравнительному литературоведению, а не по библеистике или теологии, я рискую писать отчасти за пределами своей научной области. Тем не менее мои литературоведческие навыки могут способствовать более полному пониманию Иисуса как литературного автора и его художественных устных произведений — притч. В представленном здесь тексте я буду опираться главным образом на два перевода Библии: «New King James Version» для первой части, так как он подчёркивает художественную составляющую слов Иисуса, и «New Revised Standard Version» для второй части, поскольку он является более дословным и традиционным переводом[1]. Также я буду широко использовать «Yale Anchor Commentaries» на Книгу Притчей и Евангелия от Матфея, Марка, Луки и Иоанна, а также новый перевод Еврейской Библии, выполненный Робертом Альтером, и многие другие источники: работы богословов, различных библеистов, психологов, социологов, литературоведов и даже авторов современных притч, таких как Франц Кафка и Андре Трокме.

---

[1] При переводе использовался русский текст Библии, подготовленный Институтом перевода Библии при Заокской духовной академии [Библия 2015]. В отдельных случаях, чтобы сделать текст ближе к англ. переводу, использованному автором, использовался Синодальный вариант. — *Прим. пер.*

Часть I

ОТ КНИГИ ПРИТЧЕЙ – К ПРИТЧАМ ИИСУСА

«...постигать мудрость, внимать наставлениям и понимать глубокомысленные изречения» (Притч. 1:2)

Глава первая
Значение Мудрости

Как слово, так и Слово очень важны для евреев и для христиан. Бог сообщает людям о том, кто он такой и чего он ожидает от людей, посредством слов, которые должны быть услышаны либо прочитаны. Бог также является Творцом, и поэтому было бы разумно предположить, что при помощи слов он будет творить не только мир, как об этом говорится в первой и второй главах книги Бытия, но и новые сочетания слов, образующие разнообразие литературных жанров. Вполне возможно, что Иисус, которого некоторые евреи считали мудрецом и пророком [Stern 2006: 85–86], а христиане считали Сыном Божьим, Вторым Лицом Троицы, переработал отдельные изречения мудрецов — которые он должен был внимательно изучать, поскольку они являются частью еврейской литературы Премудрости, — в притчи, обладающие способностью глубоко трогать сердца и умы тех, кто слышал, как он рассказывал эти истории.

В большей степени, чем отвлечённые и краткие изречения мудрецов, подобные тем, что можно найти в Книге Притчей, или прямые и понятные заповеди, подобные тем, что провозглашены в 20-й главе книги Исхода, притчи способны лишать равновесия слушателя или читателя, для того чтобы открылась возможность для внутренних изменений; можно надеяться, что это приведёт к тому, что человек будет принимать решения действовать по-новому, лучше, чем раньше. Богослов С. Макфэг замечает: «В каждой притче подразумевается вопрос: "Что вы теперь скажете? Что вы теперь будете делать?"» [McFague 1975: 75]. Сила жанра притчи будет рассмотрена ниже более подробно, но, по сути, эта форма существования слова способна глубоко тронуть слушателей или читателей, потому что «это "определённый шок для воображения" — увидеть знакомое с новой стороны» [Ibid.: 77]. Следствием веры в Бога должны быть искренние, справедливые и полные сострадания поступки — поскольку вера без дел или нравственного поведения ничего не стоит, — и Иисус стремился сообщить своим последователям, какими могут и должны быть праведные последствия веры.

Социолог П. Л. Бергер, кажется, подтверждает теорию Макфэг о «шоке для воображения», когда обсуждает важность взаимопроникновения духовной и гуманистической реальности: «Основной опыт во всех религиях человечества… это… взаимопроникновение иной реальности, вторгающейся или посягающей на реальность обычной человеческой жизни» [Berger 1980: 108]. Рассказы Иисуса, действие которых происходит в «обычной человеческой жизни», неожиданно требуют от слушателя, или впоследствии читателя, дать утвердительный ответ «Царству Божию», стучащему в его или её дверь. Бергер далее отмечает, что то, что он и Рудольф Бультман называют «мифологическим мировоззрением», «пронизывает каждую часть Нового Завета» [Ibid.: 95]. Другими словами, Иисус и его последователи предлагают читателям притч признать «космологию, в которой мир человеческой жизни… содержит как естественное, так и сверхъестественное» [Ibid.: 94].

Этические последствия, на которые указывают притчи Иисуса, переосмысливают общепринятое определение мудрого мужчины или мудрой женщины. Он или она становятся обитателями «Царства Божьего», живя в условиях пересечения «естественного и сверхъестественного» и ежедневно делая выбор следовать глубоким этическим интуициям, которые подсказываются притчами Иисуса. Притчи, которым придана художественная форма, способны глубоко тронуть слушателей, эмоционально, интеллектуально и духовно побуждая их переосмыслить свои взгляды на мир и постичь божественное в новых формах. Эта сила, во многом подобная той, которую можно найти в великих романах прошлых эпох, всё ещё может тронуть читателей и слушателей там, где они оказываются в более поздние эпохи; притчи обладают изменчивостью, которая позволяет мудрости обращаться ко всем поколениям.

В еврейской Библии приобретение мудрости, по-видимому, представляется насущной необходимостью. Используя хиазм, традиционный литературный приём, автор Книги Притчей призывает: «Приобретай мудрость, разумение приобретай, слов моих не забывай, не отступай от них. / Не отвергай мудрости — и она будет оберегать тебя, люби ее — и она защитит тебя. / Мудрость приобретай — вот где ее начало. Но превыше всего стремись обрести разумение» (Притч. 4:5–7). «Мудрость» и «разумение», связанные с фигурой женщины, одновременно обрамляют и заключают в себе важную идею «слов», которые передаёт мудрость. Слова являются мостом к мудрости и несколько мистически обладают силой мудрости «сохранять» и «беречь» того, кто им внимает.

Многие из слушателей Иисуса считали, что уже обладают мудростью. Этические послания, содержащиеся в его притчах, вероятно, были призваны поколебать эту уверенность. Основанием для такого подхода служат другие слова из Книги Притчей: «Не обличай человека бесстыдного, иначе он тебя возненавидит, обличай мудрого, и он возлюбит тебя. / Дай *наставление* мудрому — он станет еще мудрее, учи праведного — он приумножит знание» (Притч. 9:8–9). По-настоящему мудрые люди, очевидно, всегда открыты новой мудрости; те же, кто неуклонно придерживаются собственной «мудрости», будут с гневом насмехаться над тем, кто рассказывает им притчи. К сожалению, этот гнев потенциально может вести к ненависти. Притчи Иисуса предназначены для поистине мудрых людей, которые, подобно его ученикам, нередко не понимавшим значения его слов, по крайней мере *хотят* понять заключённую в его словах мудрость и которые, когда чего-то не понимают, обращаются к нему за разъяснением его притч, чтобы «стать разумнее». Им не нужно принадлежать к интеллектуальной элите своего времени — как ни один из апостолов Иисуса во время его земной жизни не принадлежал к ней (Деян. 4:13) (не считая апостола Павла, который был высокообразованным человеком, однако был призван уже после смерти и воскресения Иисуса), — но им необходимо жаждать мудрости. Ясно, что и сам Иисус следовал этой «образовательной траектории»: «Иисус же, подрастая, преуспевал в мудрости и любви у Бога и людей» (Лк. 2:52).

Также очевидно, что Иисус был грамотным: он умел читать и писать и знал, где найти важные места из Писания. Люди, собиравшиеся в субботу в синагоге в Назарете, где он вырос, ожидали от него, что он будет читать вслух Писание:

> Иисус пришел в Назарет, где вырос, и в субботний день, как обычно, пришел в синагогу. Он встал, чтобы читать Писание. Ему подали свиток пророка Исайи. Развернув свиток, Иисус нашел место, где было написано: «На Мне — Дух Господа Он помазал Меня. Он послал Меня бедным возвестить Радостную Весть, пленным объявить о свободе, слепым о прозрении. Он послал Меня освободить угнетенных, возвестить, что настало время милости Господней». Свернув свиток, Иисус отдал его служителю и сел (Лк. 4:16b–20a).

Также они были поражены его эрудицией: «Все одобрительно отзывались о Нем и удивлялись благодатным словам, исходившим из Его уст. "Разве Он не сын Иосифа?" — спрашивали они» (Лк. 4:22). Однако его авторитетность пугает и злит их, поскольку он осмеливается сказать им: «Услышанные вами сегодня слова Писания исполнились здесь» (Лк. 4:21). Вскоре они «пришли в ярость» (Лк. 4:28b) и попытались сбросить его с обрыва горы, возле которой был построен их город (Лк. 4:29). Эти слушатели явно не хотели возрастать в мудрости, по крайней мере, в такой мудрости, которую мог им предложить Иисус.

Он также с лёгкостью ссылается на события, описанные в Священном Писании, когда обсуждает с фарисеями вопрос о том, позволительно ли срывать колосья пшеницы в субботу, чтобы съесть зерна: «Разве вы не читали, что сделал Давид, когда он и все те, кто [был] с ним, проголодались? Он вошел в Дом Божий и, взяв священный хлеб, что кладут пред Богом, ел сам и дал своим спутникам, хотя никому нельзя было есть этот хлеб, кроме священников?» (Лк. 6:3–4). Ни у кого из них не вызвало возражений упоминание этого исторического факта; их возмутило последовавшее за этим утверждение Иисуса: «Сын Человеческий — Господин субботы» (Лк. 6:5b).

То, что он умел писать, следует из эпизода, в котором говорится, что он писал на земле: «Иисус склонился и стал писать *что-то* на земле пальцем... И снова склонился и продолжал писать на земле» (Ин. 8:6b, 8). В Новом Завете не говорится о том, что он тогда писал, или о том, как он научился читать и писать, но, вероятно, к моменту встречи с «учителями» в храме в возрасте двенадцати лет он уже овладел этими навыками: «...через три дня [его родители Иосиф и Мария] Его нашли в Храме, где Он сидел среди учителей, слушая их и задавая им вопросы. Все, кто слышал Его, удивлялись Его разуму и ответам» (Лк. 2:46–47). Если бы он сам не был образован, самые эрудированные учителя в Израиле не стали бы вести с ним разговор на протяжении трёх дней. А полученное им образование предполагает, что он также был хорошо знаком со многими, если не со всеми, книгами Писания, включая Книгу Притчей, над которой он мог размышлять с детства. Писание также утверждает, что Иисус «...преуспевал в мудрости» (Лк. 2:52a). В Части II этой книги будет обсуждаться вопрос о том, какое образование мог получить Иисус. Последующие главы Части I пытаются связать различные притчи Иисуса с конкретными фрагментами Книги Притчей Еврейской Библии.

Глава вторая
Притчи Иисуса и изречения Книги Притчей

Притча о брачном пире: Лк. 14:7–11

Как изречения библейской Книги Притчей — краткие, мудрые сентенции, — так и евангельские притчи — истории, передающие моральные истины, — преследуют этическую цель. Изречения Книги Притчей используют повторы, тогда как евангельские притчи, также используя повторы, делают это посредством создания более подробного и цельного повествования. Например, Притч. 16:18 утверждает: «За гордыней вслед идет погибель, за высокомерным духом — паденье», а Притч. 25:6–7 подтверждает: «Не восхваляй себя перед царем, средь великих не стремись занять место. / Лучше, если скажут тебе: "Поднимись к нам", чем унизят тебя перед вельможей каким». Притч. 29:23 добавляет: «Гордыня унижает человека, а дух смиренный стяжает ему славу». Смысл этих изречений усилен и, возможно, прокомментирован в следующей притче:

> Когда Иисус заметил, что гости выбирали себе почетные места за столом, Он в поучение сказал: «Если тебя пригласили на брачный пир, не занимай почетного места. Может оказаться, что приглашен еще кто-то, более почетный гость, чем ты. И хозяин, пригласивший тебя и его, подойдет к тебе и скажет: "Уступи это место ему", и ты со стыдом перейдешь на последнее место. Но если ты приглашен, иди и займи последнее место, и когда придет пригласивший тебя хозяин

и скажет тебе: "Друг, пройди сюда, повыше", то будет тебе оказана честь в присутствии всех, кто с тобой за столом, ибо всякий возвышающий себя будет унижен, а умаляющий себя — возвысится» (Лк. 14:7–11).

Эта притча вполне могла быть обращена к еврейским книжникам, которые «*любят* сидеть впереди всех в синагогах и занимать почетные места на пирах» (Лк. 20:46). Действительно, в другом месте и в другом контексте Иисус, по-видимому, цитирует по памяти упомянутые выше притчи и заключительную строку притчи Луки: «Ибо всякий, кто возносится, будет умален, а кто умаляет себя — вознесен» (Мф. 23:12). Здесь Иисус использует краткий, содержательный стиль Книги Притчей, однако в своих притчах-рассказах он наделяет схематичное изречение образной плотью, привнося динамичный сюжет, добавляя краткие диалоги (и гость, которому было сказано занять «последнее место», и тот, кому было предложено «пройти повыше», реагируют на приказы хозяина без слов) и предлагая пищу воображению слушателя, который может представить, что означают слова «будет тебе оказана честь в присутствии всех» и какие можно испытывать чувства, слыша такие слова. Таким образом, Иисус, рассказывающий истории, преодолевает разрыв между заповедью и её реализацией в реальной жизни.

Притча о неразумном богаче: Лк. 12:16–21

Другим примером изречения Книги Притчей, которое, возможно, было переработано в притчу-рассказ, является стих Притч. 18:11 о богатом человеке. Этот стих мог быть источником притчи Иисуса, помещённой в 12-й главе Евангелия от Луки. В этой притче говорится о богатом человеке, который строит больши́е амбары для зерна, не осознавая, что он скоро умрёт: «Богатство для богача что город укреплённый, мнится ему, что укрылся он за стеной неприступной» (Притч. 18:11). Более раннее изречение не осуждает богатство, а скорее указывает на то, каким образом оно может послужить к прославлению Бога: «Чти ГОСПОДА дарами от своего достатка, из первых плодов каждого урожая — / и амбары твои будут ломиться от зерна, молодое вино в давильнях будет течь через край» (Притч. 3:9–10). Третье изречение предостерегает от слишком многого труда ради богатства: «Не изнуряй себя в погоне за богатством, будь разумен, обуздывай себя» (Притч. 23:4). Интересно, что новозаветный текст, что видно также из предыдущего отрывка (Лк. 14:7), обращает отдельное внимание на тот факт, что Иисус использует жанр притчи:

> И Он рассказал им притчу: «У одного богатого человека земля хорошо уродила, и тот призадумался: "Что мне делать? Ведь мне некуда собрать мои плоды". И решил: "Вот что сделаю: снесу-ка свои житницы и построю бóльшие, и соберу в них всю пшеницу и все свое добро, и скажу себе: теперь у тебя много добра, *хватит* на долгие годы: отдыхай, ешь, пей, веселись!" А Бог сказал ему: "Безумный! В эту же ночь отнимут у тебя жизнь твою, и кому достанется то, что ты заготовил?" Так *бывает с тем*, кто собирает сокровища для себя и остается нищим в глазах Божиих[1]» (Лк. 12:16–21).

Эта притча-рассказ наглядно показывает, что новые, бóльшие амбары богача, которые, казалось бы, обеспечивают его богатству сохранность, чтобы он мог «есть, пить и веселиться» в течение многих лет, всё же не являются «неприступной стеной», защищающей его от смерти, а его богатство не предназначено для того, чтобы «чтить Господа». Иисус указывает, что этот человек действительно обустроил свою жизнь, накопив «сокровища для себя», но остался «нищим в глазах Божиих». Как отмечает раввин Фрэнк Штерн: «Богач согрешил <...> тем, что гордился своим богатством и не признавал, что источником его успеха был Бог. <...> Успех был не только дарован Богом, но и налагал определённые обязательства. Богатство следовало использовать для помощи бедным и нуждающимся» [Stern 2006: 149].

Притча заканчивается утверждением о том, что человек должен «для Бога богатеть», но внимательный слушатель или читатель

---

[1] Синодальный перевод: «а не в Бога богатеет». — *Прим. пер.*

может задаться вопросом: «Что это значит?» Возможно, Иисус отвечает на этот вопрос в других притчах, таких как притча о Добром самаритянине, который использует своё богатство, чтобы помочь избитому и ограбленному еврею, которого он нашёл на дороге и мимо которого прошли священник и левит. Показав свою любовь к этому незнакомцу, самаритянин, вероятно, таким образом «богател для Бога», величайшая заповедь которого — любить Бога и любить своего ближнего, как самого себя (Лк. 10:27).

Притча о добром самаритянине: Лк. 10:30–36

Притча Иисуса о добром самаритянине начинается с вопроса еврейского законника, возможно, пытавшегося найти лазейку в Великой заповеди любви: кто является его «ближним» (Лк. 10:29). Пострадавший «ближний» — это «один человек» (Лк. 10:30а), вероятно, еврей, но, возможно, ещё более важно, что он является собирательным образом «любого человека». Милосердным ближним оказывается самаритянин, который, с точки зрения многих религиозных евреев времён Иисуса, не мог считаться «ближним». Как отмечает Мартин Лютер Кинг — младший в книге «Strength to Love», самаритянин был «полукровкой из народа, с которым евреи не имели никаких дел» [King 2010: 22]. Этот безусловно сострадательный самаритянин использует своё богатство, чтобы помочь своему «ближнему» — еврею, ставшему жертвой избиения и ограбления на опасной дороге из Иерусалима в Иерихон. В менее жестоких обстоятельствах этот еврей, вероятно, выказал бы самаритянину своё презрение. Однако самаритянин своим примером являет исполнение заповеди, которую Иисус, отвечая на вопрос законника, называет главной заповедью, гарантирующей наследование вечной жизни: «Люби Господа Бога твоего всем сердцем своим, всей душою своей, всей силой своей и всем умом своим и ближнего своего — как самого себя» (Лк. 10:27). Щедрость этого самаритянина не знает границ, что убедительно показано в трогательной притче Иисуса:

Один человек шел из Иерусалима в Иерихон и попал в руки разбойникам, которые ограбили его, избили и ушли, оставив полумертвым лежать на дороге. Случайно той же дорогой проходил священник; увидев лежащего, он прошел мимо, другой стороной дороги. Также и левит, когда пришел на то место и увидел израненного разбойниками, прошел мимо, другой стороной дороги. Проезжал там и один самаритянин. Когда он оказался возле раненого и увидел его, то сжалился над ним и, подойдя к нему, перевязал его раны, полив их оливковым маслом и вином. Затем, подняв его на своего мула, привез его на постоялый двор и там еще ухаживал за ним. На следующий день этот самаритянин, вынув из кошелька два денария, отдал их хозяину постоялого двора и сказал: «Позаботься об этом человеке. А если что издержишь сверх того, то на обратном пути я возмещу тебе». Как ты думаешь, кто из этих троих оказался ближним человеку, попавшему в руки разбойников? (Лк. 10:30–36)

Кинг раскрывает своё понимание этой притчи: в ней он находит мощную концепцию *опасного альтруизма* [Ibid.: 25]: «Самаритянин обладал способностью к *универсальному альтруизму*. С пронзительным пониманием он видит то, что находится выше вездесущих, но, по сути, случайных отличий — расы, религии и национальности» [Ibid.: 23]. Притча Иисуса явно вызвала радикальное изменение мышления по крайней мере у одного её читателя. Кинг может ответить на вопросы Макфэг («Что *ты* скажешь? Что *ты* сделаешь?» [McFague 1975: 75]) утверждением, что подлинная любовь требует любить других независимо от их расы, религии и национальности. Такая любовь, несомненно, может подвергнуть опасности того, кто любит именно таким образом, поскольку многие, включая некоторых современников Иисуса, ограничивали свою любовь только своим народом. Они могли быть возмущены поведением тех, кто выходит за эти границы, демонстрируя то, что Кинг называет «духовной близорукостью» [King 2010: 24]. Заявленный Кингом принцип мотивирует его любить всех людей. Именно так *он* и поступает, и, подобно Кингу, все слушатели и читатели этой притчи должны решить, что *они* будут или не будут делать в тех или иных обстоятельствах.

Обращает на себя внимание то, что некоторые из тех, кто был враждебно настроен к Иисусу, называли его самаритянином, практически приравнивая этот эпитет к одержимости бесом: «Тогда иудеи сказали Ему в ответ: "Разве не правду говорим мы, что Ты самаритянин и что бес вселился в Тебя?"» (Ин. 8:48). Поступая мудро и, возможно, следуя Притч. 12:16 («Глупец быстро выказывает свой гнев, а разумный не отзывается на оскорбления»), Иисус игнорирует их попытку оскорбить его, назвав самаритянином, но отвечает на обвинение в одержимости демоном: «Нет, — ответил Иисус, — не одержимый Я. Я чту Отца Своего, а вы бесчестите Меня» (Ин. 8:49). То, что он не стал возражать против того, чтобы его называли самаритянином, подразумевает, что он не считал, что самаритяне занимают в обществе подчинённое положение, и не отреагировал на такой эпитет как на оскорбление. Возможно, дополнительный смысл этой притчи заключается в том, что самаритяне могут быть образцовыми, добрыми людьми и не одержимы бесами.

Притча Иисуса также показывает, как следует распоряжаться богатством: добрый самаритянин помогает пострадавшему, употребляя собственные повязки, масло, вино, вьючное животное и денарии, не говоря уже о времени и усилиях, которые он вложил в спасение этого раненого человека. Таким образом, он «богатеет для Бога», поскольку его богатство разделено с другими, а не используется только для себя. Если бы у доброго самаритянина не было всего перечисленного, он не смог бы оказать жертве разбойников настолько конкретную помощь. Он отдаёт самого себя и принадлежащее ему имущество, чтобы таким образом уравновесить почти полную утрату жертвой собственной личности (после того как этого человека чуть не убили) и имущества (из-за того, что разбойники украли у него всё, включая одежду). Поскольку оба они — братья, созданные по образу Божию, а Бог является их Отцом, добрый самаритянин своим щедрым поступком и последовательными действиями в самом деле «богатеет для Бога».

Притча Иисуса о добром самаритянине, по-видимому, также опирается на несколько изречений из Книги Притчей, из глав с 10-й по 29-ю, которые обычно считаются самой ранней частью этой книги [Fox 2010: 7]. Например, «Поступки справедливые и праведные желаннее для ГОСПОДА, чем жертва» (Притч. 21:3). Священник и левит, возможно, только что вернулись из храма в Иерусалиме, где участвовали в жертвоприношениях, но они не понимают, что спасти умирающего человека, оставленного на дороге, гораздо важнее, чем участие в ритуальных жертвоприношениях. Оказать ему помощь означало спасти ему жизнь (что и произошло), а это в глазах Бога важнее чего бы то ни было. Далее, «Когда торжествует справедливость, праведник радуется, а злодей приходит в смятение» (Притч. 21:15). Безразличие, проявленное священником и левитом к тяжело раненному человеку, — это хоть и пассивная, но всё же несправедливость. В то же время из ряда вон выходящая забота самаритянина об этом несчастном путешественнике заставляет думать, что он должен был испытывать подлинную радость, спасая жизнь другого человека. В самом деле, «Благословен человек с добрым сердцем, ибо хлебом своим с бедняками делится» (Притч. 22:9). У самаритянина его «добрый глаз» открыт, в то время как священник и левит делают вид, что их глаза закрыты. Им не хватает мудрости, которая повелевает: «Спаси обреченных на смерть, не отворачивайся от ведомых на погибель! / Скажешь: "Этого я не знал..." Но разве Тот, Кто сердца испытует, не знает всего? Тот, Кто душу твою бережет, не ведает? Не воздаст ли Он человеку по делам его?» (Притч. 24:11–12).

В Евангелиях мы нередко видим вражду между иудеями и самаритянами, но это не остановило доброго самаритянина от помощи путешественнику. Даже если он считал этого умирающего врагом, он поступил мудро: «Если твой враг голоден — накорми его хлебом, если жаждет — дай воды напиться. / Так *поступая*, горящие угли сыплешь ты ему на голову, и ГОСПОДЬ воздаст тебе» (Притч. 25:21–22). Книга Притчей ясно даёт понять, что любой, кто находится в крайней нужде, является «ближним», заслуживающим помощи: «Кто к мольбам бедняков глух — сам однажды позовет на помощь, да никто не отзовется» (Притч. 21:13) и «Кто презирает ближнего — совершает грех, но благо тому, кто милосерден к бедным» (Притч. 14:21). И, наконец: «Радеет праведник о правосудии для бедняка, а нечестивцу и не понять этого» (Притч. 29:7) — изречение, которое обобщает положение всех персонажей в небольшом рассказе Иисуса: праведного самаритянина, путешественника, ограбленного до нитки и оставшегося даже без одежды, а также злого священника и злого левита. Этот рассказ не только объясняет законнику, кто такой «ближний», но и утверждает, что равнодушие к страданиям любого из попутчиков непростительно.

Притча также перекликается с историей об утрате самой жизни человеком, который построил амбары, чтобы хранить своё увеличившееся богатство, и предвкушал, как будет «отдыхать, есть, пить и веселиться», когда Бог сказал ему: «В эту же ночь отнимут у тебя жизнь твою» (см. Лк. 12:19–20). Возможно, именно той ночью этот богач окажется на дороге в Иерихон и будет убит. Вынуждая законника, который «желал оправдать себя», сперва задать вопрос: «А кто мой ближний?», а затем отождествить себя с жертвой — с избитым, ограбленным и едва не убитым человеком, чью жизнь спас презираемый самаритянин, — Иисус показывает, как хрупка жизнь и как сильно мы нуждаемся в милосердии со стороны какого угодно человека, оказавшегося рядом: священника, левита или самаритянина. Иисус добивается того, чтобы законник признал, что образцовым «ближним» является «тот, кто проявил к нему милосердие», хотя сам законник не смог произнести вслух слово «самаритянин», назвав конкретного спасителя, проявившего сострадание к израненному человеку. Иисус повелевает законнику: «Иди и поступай так же» (Лк. 10:37), то есть следуй примеру любящего самаритянина, а не безразличных священника и левита — что в его время было ошеломляющим переворотом норм. Это — безусловная любовь, которая, повторюсь, отказывается от следования принятым в обществе социальным нормам, касающимся этнической принадлежности и религии. Это любовь, которая требует спасения жизни, даже если цена за это может быть очень высокой. Такая любовь гораздо требовательнее плотской любви.

Соблазненный юноша из Притч. 7
и Притча о блудном сыне: Лк. 15:11–32

Книга Притчей содержит изобилующие деталями предупреждения против женщины-соблазнительницы, предлагающей запретную любовь. Некоторые из этих отрывков благодаря своему размеру можно назвать притчами-рассказами. Например, в седьмой главе Книги Притчей рассказчик от первого лица начинает поэтический рассказ о неразумном юноше, которого обольщает привлекательная женщина, убеждая его вступить с ней в прелюбодеяние, пока её муж, по её словам, якобы находится в деловой поездке: «Смотрел я однажды из окна дома моего сквозь решетку оконную / и увидел среди неискушенных, заметил среди молодых юношу безрассудного. / Переходил он улицу близ ее угла, путь держал к ее дому / вечером в сумерки, когда ночная тьма опускалась» (6–9). Соблазнительница в одеждах блудницы, «ухватилась она за него, поцеловала» (13), а затем пригласила провести ночь в её доме в отсутствие мужа (10–21). Юноша быстро поддаётся соблазну: «И пошел он за нею тут же, словно вол, что идет на бойню, словно олень, что бежит в ловушку, / словно птица, что в силки бросается. И не знает он, что заплатит жизнью, пока стрела не поразит его печень» (22–23). Рассказчик завершает этот поэтический рассказ строгими и ясными предупреждениями избегать такой женщины, ибо «дом ее — путь в Шеол, вниз он ведет, в чертоги смерти» (27). Здесь запретная сексуальная любовь ведёт к смерти, что составляет разительный контраст с проявлениями любви, которых требует невинный путник, ограбленный на дороге в Иерихон.

М. В. Фокс в своём комментарии к Книге Притчей высказывает предположение, что Притч. 23:26–28 могли послужить источником приведённой выше истории из седьмой главы Книги Притчей [Fox 2009: 738]: «Сын мой, отдай мне сердце свое, не своди глаз с моего прямого пути. / Знай, блудница — что яма глубокая, узкий колодец — жена чужая. / Притаилась она в засаде, будто преступник, и множит изменников среди мужей». Действительно, можно сказать, мы видим здесь краткий набросок более подробного рассказа об обольщении доверчивого юноши, представленный от лица отца, наблюдающего за ним из окна. Если более поздний автор раздела Книги Притчей мог развить и дополнить подробностями три стиха более древней и краткой притчи, то Иисус также мог сделать это с рядом изречений Книги Притчей, превратив их в прозаические, а не поэтические притчи-рассказы.

Например, возможно, Иисус опирался на этот самый отрывок, когда создавал свою притчу о блудном сыне, хотя он также мог обратиться к Притч. 29:3: «Кто любит мудрость — радует своего отца, а кто до распутниц охоч — промотает состояние». В Евангелии от Иоанна Иисус не боится общаться с падшими женщинами. Возле колодца он оказывается наедине с самаритянкой, которая сама признаёт, что у неё было пять мужей, после того как Иисус пророчески провидит этот факт её жизни (4:17–19). Он продолжает разговор, в котором открывает ей, что он и есть Мессия (4:26). В восьмой главе Евангелия от Иоанна, когда книжники и фарисеи приводят к нему женщину, взятую в прелюбодеянии, Иисус пишет на земле, и говорит им: «Пусть тот из вас, кто без греха, первым бросит в нее камень» (7), продолжает писать, а затем, когда все обвинявшие её уходят, а они остаются вдвоём, говорит ей: «Не осуждаю и Я тебя; ступай... не греши отныне» (11). Иисус был одинаково спокоен в обществе как нравственных женщин (например, своих подруг Марии и Марфы, сестёр Лазаря из Вифании), так и аморальных (женщины у колодца и женщины, взятой в прелюбодеянии), всегда призывая их вести более праведную жизнь. Он показывал, что женщин, независимо от их греховности, не следует избегать. Именно такой вывод можно было бы сделать из истории, рассказанной в седьмой главе Книги Притчей: чтобы избежать соблазнительницы, нужно быть осторожным со всеми женщинами. Иисус не уступил искушению вступить в запретные отношения с кем-либо из этих женщин, демонстрируя полную уверенность в себе и самообладание.

Самая длинная притча Иисуса стоит того, чтобы привести её полностью:

Затем Иисус продолжил: «У одного человека было два сына, и младший из них однажды сказал ему: "Отец, отдай мне часть имущества, которая мне причитается!" И тот разделил состояние между сыновьями. Спустя несколько дней младший сын, собрав всё, что было у него, ушел в далекую страну и расточил там свои деньги, живя разгульно. Так он растратил всё, и когда в той стране начался сильный голод, он оказался в большой нужде. Тогда он пошел и нанялся в работники к одному из местных жителей, и тот послал его на свои луга пасти свиней. Он был бы рад утолить свой голод даже стручками, что ели свиньи, но и этого ему не давали. Наконец, образумившись, он сказал себе: "Сколько работников у отца моего едят хлеб досыта, а я здесь погибаю от голода! Пойду к отцу и скажу ему: отец, согрешил я против Неба, и перед тобою виновен я, и больше недостоин называться сыном твоим! Прими меня как одного из твоих работников!" И он встал и пошел к отцу своему. Когда он был еще далеко, отец увидел его и сжалился над ним: побежал к нему навстречу, обнял и поцеловал его. И сын сказал ему: "Отец, согрешил я против Неба и перед тобою виновен я, и больше недостоин называться сыном твоим..." Но отец сказал слугам своим: "Скорее принесите лучшую одежду и оденьте его, и наденьте перстень на руку его и обувь на ноги! И приведите откормленного теленка и заколите: будем есть и веселиться! Ибо этот сын мой мертв был — и ожил, пропадал — и нашелся!" И началось веселье.
В то время старший его сын был в поле. Когда он, возвращаясь, подошел к дому, то услышал музыку и ликование. Подозвав одного из слуг, он спросил, что случилось. Тот ответил ему: "Твой брат пришел, и откормленного теленка заколол отец, ведь его сын вернулся живым и здоровым". Старший сын рассердился и не захотел войти в дом. Тогда вышел отец его и стал упрашивать его войти. Но он ответил отцу: "Посмотри, столько лет я работал на тебя, как раб, и никогда не преступал воли твоей, а ты ни разу даже козленка мне не дал, чтобы я мог повеселиться с друзьями моими! А когда пришел этот сын твой, промотавший твое же состояние с блудницами, ты заколол для него откормленного теленка!" "Дитя мое! — сказал ему отец. — Ты всегда со мной, и всё, что есть у меня, — твое. Как же не веселиться нам и не радоваться тому, что этот брат твой был мертв — и ожил, пропадал — и нашелся?!"» (Лк. 15:11–32)

Притча Иисуса о блудном сыне упоминает, среди прочих грехов этого заблудшего молодого человека, растрату своего наследства на падших женщин. По крайней мере, такой вывод следует из возмущённых слов его завистливого старшего брата, обращённых к отцу: «А когда пришел этот сын твой, промотавший твое же состояние с блудницами, ты заколол для него откормленного теленка!» (Лк. 15:30). Притча Иисуса расширяет предупреждение из Книги Притчей: «Дом ее — путь в Шеол, вниз он ведет, в чертоги смерти» (Притч. 7:27), показывая возвращение из «чертогов смерти». Очевидно, что блудный сын — грешник, но он глубоко раскаивается в своих поступках и предпринимает определённые действия, чтобы изменить свою жизнь: «И сын сказал ему: "Отец, согрешил я против Неба и перед тобою виновен я, и больше недостоин называться сыном твоим..."» (Лк. 15:21). Отец не требует больше слов сожаления, раскаяния или подробностей совершённых им грехов — он сразу отдаёт распоряжения устроить пир в честь возвращения сына, чтобы отпраздновать победный день его воскресения. Он объясняет озлобленному старшему сыну: «Как же не веселиться нам и не радоваться тому, что этот брат твой был мертв — и ожил, пропадал — и нашелся?!» (Лк. 15:32). Смерть, причиной которой был совершённый с блудницами грех, лишается силы через покаяние, обращение к жизни и искреннюю любовь к Отцу. Путь в «чертоги смерти» превращается в паломничество к жизни в доме с Отцом.

В этой притче Иисус расширяет наставление из Притчей: «Сын мой! Наставленье отца своего слушай» (Притч. 1:8а), показывая Отца, внимательно слушающего своих двух сыновей после того, как те, предположительно, слушали его наставления в юности. В своей придуманной истории, передающей вполне реалистичную мысль, Иисус показывает, что происходит, когда два сына, каждый по-своему, отказываются слушать наставления Отца: первый почти уничтожает себя в распутной жизни, а второй отказывается войти в дом по причине милости, оказанной его младшему брату, и радости Отца от того, что тот раскаялся и вернулся. Притча Иисуса продолжает мысль, записанную в Книге Притчей: «Дом ее — путь в Шеол, вниз он ведет, в чертоги смерти» (Притч. 7:27), и «переворачивает» содержащееся в ней проклятие.

Возмущение старшего брата станет понятным, если мы осознаем культурное значение приказов отца, последовавших за возвращением младшего сына. Их смысл может ускользнуть от внимания современных читателей, однако эти действия свидетельствуют о полном, великодушном примирении отца с сыном и о его восстановлении в правах. Иоахим Иеремиас объясняет:

> В стихе 22f [15 главы Евангелия от Луки] отец отдаёт три распоряжения: (1) Первым делом — дать сыну церемониальную одежду, которая на Востоке является знаком высочайшего отличия. Здесь речь идёт не о награде за заслуги, но о том, что, желая почтить достойного чиновника, царь дарит ему роскошные одежды; пожалование новой одежды, таким образом, становится символом Новой Эры. Вернувшийся сын воспринимается как почётный гость. (2) Перстень и обувь. Раскопки показали, что речь идёт о перстне-печатке; его дарение означает наделение властью. Обувь — это роскошь, доступная свободным людям; здесь она символизирует, что сын больше не должен ходить босиком, как раб. (3) Закалывание откормленного телёнка означает праздник для семьи и слуг. Эти три распоряжения отца — явные знаки прощения и восстановления в правах, понятные для всех [Jeremias 1954: 104–105].

Рассказ Иисуса обманывает ожидания тех, кому известны страшные предупреждения Притчей: в этом рассказе предлагается новый конец истории, который, возможно, вызовет у них такое же раздражение, какое испытывает старший брат из притчи. Этот брат, похоже, страдает от «духовной близорукости», о которой говорил Кинг, — от желания ограничить круг тех, кто достоин любви. Тем не менее это чувство раздражения может поколебать их жёсткие убеждения, позволяя Иисусу донести до тех, кто способен слушать, глубокое сострадание Отца и его желание, чтобы сын жил в доме жизни. Отец испытывает огромную радость от возвращения сына после долгого, тяжёлого ожидания, ведь он никогда не терял надежды на то, что когда-нибудь это произойдёт. Притча Иисуса показывает, что сострадание Отца перевешивает «справедливость», которой сурово требует старший сын. С богословской точки зрения, во многих своих притчах Иисус, по-видимому, подчёркивает безмерную щедрость Бога к грешникам.

В Книге Притчей существует множество изречений, с которыми может быть связан рассказ Иисуса. Во-первых, это те изречения, которые связаны с глубоким неуважением сына к отцу. Младший сын осмеливается попросить наследство ещё при жизни отца, хотя «Богатство, что быстро досталось вначале, благословенным не станет в конце» (Притч. 20:21). Сын растратил всё своё достояние и дошёл до того, что вынужден ухаживать за свиньями, что является мерзостью для евреев. Великодушие отца к заблудшему сыну предполагает, что он всю жизнь наставлял и показывал ему пример праведности; однако «Мудрый сын помнит отеческое наставление, а бесстыдный — не принимает обличений» (Притч. 13:1).

Возможно, отец внушал сыну следующие слова мудрости: «Слушай, сын мой, познавай мудрость, сердце свое направь на путь верный. / Не будь среди тех, кто вином упивается и мясом объедается, / ибо пьянство и обжорство до нищеты доведут, сонливость — облачит в лохмотья» (Притч. 23:19–21). Предсказуемо, что неразумный сын оказывается «среди тех, кто вином упивается» и «мясом объедается», и в результате оказывается в нищете, одетый в лохмотья. Только тогда он задумывается о возвращении домой.

Может быть, мудрый отец знал, что его сын, будучи «бесстыдным», сможет научиться праведности, только пройдя через жизненные испытания вдали от дома, ведь «Кто пренебрегает наставлениями отца своего — глуп, внимающий же обличениям — благоразумен» (Притч. 15:5). Ничто в притче Иисуса не указывает на то, что нерадивый сын осознаёт, какую боль он причиняет своему отцу: «Горе тому, кто родил неразумного, отец глупца не будет знать радости» (Притч. 17:21). Те из слушателей Иисуса, у кого тоже были непослушные дети, могли отождествить себя с этим отцом.

Их отождествление с героем истории может даже позволить им испытать ту огромную радость, которую, по притче Иисуса, отец ощущает в момент, когда блудный сын «образумился»: он, наконец, понял, что жил крайне неразумно, доведя себя до почти смертельного голода. Примечательно, что в притче Иисуса вина целиком лежит на самом сыне. Он не оказывается слепой жертвой, соблазнённой привлекательной прелюбодейкой, как в седьмой главе Книги Притчей, но сознательно выбирает полную развлечений жизнь, растрачивая свою долю наследства, стремясь здесь и сейчас удовлетворить свои желания и не дожидаясь смерти отца. Эта притча демонстрирует удивительное осознание греха, раскаяние и принятие решения действовать в соответствии с этим раскаянием, а мудрый отец с состраданием откликается на перемены в сердце сына: «Мудрый сын радует отца» (Притч. 15:20a), а также «Кто желает любви — простит обиду» (Притч. 17:9a). Действительно, «Разумный не спешит гневаться, и хвала тому, кто умеет прощать обиды» (Притч. 19:11). В отличие от старшего сына, радость отца, вызванная возвращением блудного сына, перевешивает его гнев, что подтверждает истину: «Кто грехи свои скрывает — не преуспеет ни в чём, а кто исповедует их и от них отрекается — помилован будет» (Притч. 28:13). Старший сын должен научиться у своего мудрого отца тому, как «прощать обиды», ведь «Ненависть раздувает раздоры, но любовь покрывает все грехи» (Притч. 10:12). Притча завершается, оставив нас в неведении, останется ли этот внутренне сбившийся с пути сын вне дома, где находятся его отец и младший брат.

Многие комментаторы отмечают пластичность притч Иисуса: их можно интерпретировать самым различным образом, что в самом деле имело место в библейских комментариях, проповедях священников, наставлениях пасторов и даже литературных эссе с использованием психоанализа. Например, Мэри Энн Толберт интерпретирует притчу о блудном сыне в терминологии психики, описанной Зигмундом Фрейдом: блудный сын символизирует ид (оно), отец представляет эго (я), а негодующий старший брат — супер-эго (сверх-я) [Tolbert 1977: 1–20]. Вместо того чтобы отвергать такие небиблейские интерпретации, стоит признать гениальность автора притчи, создавшего текст с невероятным потенциалом для толкования, который остаётся актуальным даже спустя почти две тысячи лет после его появления.

Притчи о заблудшей овце: Лк. 15:3–7 и потерянной монете: Лк. 15:8–10 (предваряющие Притчу о блудном сыне)

Эта глубокая радость по поводу возвращения кающегося грешника уже была выражена в двух коротких притчах Иисуса, которые предшествуют притче о блудном сыне:

> Тогда Он рассказал им такую притчу: «Скажем, у кого-то из вас есть сто овец, и он потеряет одну из них, не оставит ли он девяносто девять на пастбище и не пойдет ли искать пропавшую, пока не найдет ее? И когда ему удается найти, он, радуясь, кладет ее себе на плечи; и, возвратившись в свой дом, созывает друзей и соседей и говорит им: "Порадуйтесь со мной: я нашел мою потерянную овцу!" Говорю вам, что так же и на небе будет больше радости об одном кающемся грешнике, чем о девяноста девяти праведниках, в покаянии не нуждающихся» (Лк. 15:3–7). (Мф. 18:12–14 представляет собой более короткую версию этой притчи.)

Без колебаний Иисус ещё раз подчёркивает эту радость, рассказывая вторую короткую притчу, в которой главным действующим лицом становится женщина:

> Или еще такой пример: у женщины было десять серебряных монет, и если она потеряет одну из них, не зажжет ли она светильник и не станет ли подметать в доме, ища усердно, пока не найдет? И когда найдет, то созовет подруг и соседок и скажет: «Порадуйтесь со мной: я нашла свою потерянную монету!» Говорю вам, так радуются ангелы Божии об одном кающемся грешнике (Лк. 15:8–10).

Раскаявшихся «потерянных» грешников следует принимать в Царство Божие с такой же радостью, как радуется пастух, обнаруживший потерянную овцу, как ликует женщина, отыскавшая утерянную монету, и как Отец обнимает своего заблудшего сына. Этот добрый Отец успокаивает своего рассерженного, верного ему старшего сына словами: «Ты всегда со мной, и всё, что есть у меня, — твое. Как же не веселиться нам и не радоваться тому, что этот брат твой был мертв — и ожил, пропадал — и нашелся?!» (Лк. 15:31–32). В этой притче также повторяется идея важности спасения человеческой жизни, о которой мы говорили, когда читали притчу о добром самаритянине, но в данном случае своенравный сын возвращается к нравственной жизни. Отец, очевидно, надеется, что старший сын присоединится к праздничному торжеству и продолжит с уважением и усердием служить ему, так же как он, вероятно, ожидает, что вернувшийся младший сын вскоре начнёт делать то же самое, учитывая его намерение, высказанное перед возвращением домой: «Прими меня как одного из твоих работников» (Лк. 15:19). Эти притчи, говоря о праздновании и радости, являются свидетельством о Боге, который страдает, когда грешник (начиная с Адама, вкусившего от запретного плода в Эдемском саду (Быт. 3:10)) скрывается от Него, и радуется, когда грешник «образумится» (Лк. 15:17) и возвратится домой. Это не абстрактный, бесстрастный аристотелевский «Перводвигатель», но Бог, который скорбит, радуется и принимает своих детей с безмерной щедрой любовью и радостью.

Любопытно, что восторженные слова, использованные Иисусом для описания того, как Отец побежал встречать заблудшего сына («отец увидел его и сжалился над ним: побежал к нему навстречу, обнял и поцеловал его»), перекликаются с описанием того, как Исав, отец идумеев (Быт. 36:43), после многих лет разлуки встретил своего младшего, предавшего его брата-близнеца Иакова, который обманом лишил его как первородства, так и благословения их отца Исаака, а затем покинул дом: «Но Исав побежал ему навстречу, обнял Иакова и, прижав к груди, целовал его; и плакали оба» (Быт. 33:4). Если Иисус здесь сознательно намекал на прощение Исавом своего младшего брата, то эта притча обретает два дополнительных смысла: во-первых, она показывает нам пример старшего брата, который, в отличие от убеждённого в своей правоте брата блудного сына, прощает младшего брата-хитреца, и, во-вторых, так же как в притче о добром самаритянине, в качестве примера праведности использует образ кажущегося врага, Исава, «отца Идумеев» (Быт. 36:43, Синодальный перевод), а не избранного Богом Иакова.

Притчи о предусмотрительном управляющем: Лк. 16:1–13, щедром владельце виноградника: Мф. 20:1–16 и настойчивой женщине: Лк. 18:2–8

Эта невероятная щедрость вновь проявляется, пожалуй, в одной из самых противоречивых и загадочных притч Иисуса — о предусмотрительном управляющем, которого его господин отстраняет от должности и который затем уменьшает размер долгов должникам своего хозяина:

Сказал Он и ученикам Своим: «У одного богатого человека был управляющий. Хозяину донесли, что тот расточает его имущество. Позвав управляющего, он сказал ему: "Что это я слышу про тебя? Дай мне отчет в твоем управлении, — ты не можешь больше быть моим управляющим". Тогда человек тот сказал сам себе: "Что мне делать? Мой господин лишает меня места управляющего. Копать я не могу, просить милостыню мне стыдно. А, знаю, что сделать, чтобы нашлись те, кто примет меня в свой дом, когда лишусь места своего". И, призвав по одному каждого из должников господина своего, он сказал первому: "Сколько ты должен моему господину?" Тот ответил: "Сто мер масла". Тогда он сказал ему: "Возьми свою расписку, быстро садись и пиши: пятьдесят". Потом спросил и другого: "А ты сколько должен?" Тот сказал: "Сто мер пшеницы". Управляющий говорит ему: "Возьми свою расписку и напиши: восемьдесят". И похвалил господин нечестного управляющего за то, что тот действовал так предусмотрительно. Да, дети века сего, когда имеют дело с себе подобными, более предусмотрительны, чем дети света. И Я говорю вам: чтобы приобрести себе друзей, используйте деньги, которые многих к злу влекут, чтобы, когда денег не станет, те друзья приняли бы вас в вечные обители. Кто верен в малом, тот верен и в большом, а неверный в малом неверен и в большом. Если вы не были верны в земном богатстве, кто доверит вам богатство подлинное? И если в чужом не оказались верными, кто даст вам ваше? Ни один слуга не может служить двум господам: либо, полюбив одного, он не сможет любить другого, либо предан будет одному и будет пренебрегать другим. Вы не можете служить и Богу, и мамоне» (Лк. 16:1–13).

В Книге Притчей находится множество наставлений о том, как обращаться с деньгами. Например: «Таков удел всякого, кто алчен до наживы: жизнью расплатится тот, кто завладел чужим» (Притч. 1:19). Предусмотрительный управляющий «расточал имущество своего хозяина» и рисковал «расплатиться жизнью» сразу двух человек: своего господина и себя самого. Его последнее действие перед отстранением от должности — это уменьшение долгов тех, кто был должен его хозяину. Предполагается, что он сделал это для того, чтобы должники с благодарностью приняли его в свои дома, когда он останется без работы. На удивление, Иисус хвалит эту хитрость (ʻormah) и предусмотрительность (mᵉzimmah) — качества, которые «означают умение находить умные, даже коварные, способы для достижения своих целей, какими бы они ни были» [Fox 2010: 61]. Эти качества упоминаются в Прологе Книги Притчей (Притч. 1:4) и в Притч. 8:12, но Иисус желает, чтобы они использовались для укрепления верности Богу, а не для манипулирования своим хозяином и его должниками.

Ю. Х. Петерсон в своей книге «Tell It Slant: A Conversation on the Language of Jesus in His Stories and Parables», цитируя книгу К. Бейли [Bailey 1983: 102], предполагает, что эта притча указывает на поразительную щедрость богатого человека:

Махинации управляющего — это своего рода непрямая похвала его господину. Он поступал с фермерами так же щедро, как его хозяин поступал с ним. Управляющий «знал, что его хозяин щедр и милосерден. Он поставил все на это свойство характера своего господина. И выиграл. Потому что господин действительно был щедрым и милосердным, и он решил заплатить полную цену за спасение своего управляющего» [Peterson 2008: 105].

Должники, конечно, довольны уменьшением своих долгов, и Петерсон заключает: «Щедрость, проявляемая Богом, определяет его жизнь, а не его собственные хитроумные махинации, растраты и подделка счетов» [Ibid.: 107]. Вероятно, это одна из возможных интерпретаций притчи, но тема верности своему господину, как кажется, звучит наиболее ясно в том выводе, который предлагает Иисус.

Предусмотрительный управляющий остаётся более верным силе «мамоны», материального богатства, чем своему господину. Этот управляющий распределяет богатство хозяина, а не своё, ради сохранения своего благополучия, рассчитывая на то, что должники господина примут его у себя, после того как он лишится своей должности. Хозяин хвалит эту верность, тогда как Иисус заключает, что верность, являющаяся главным качеством человека, верующего в Царство Божие, может быть извращена: вместо того чтобы быть верным Богу, такой человек полагается на мамону и её служителей. В этой истории все люди, любящие деньги, помогают друг другу: никто из тех, кто получил расписку с уменьшенным долгом, не возражает против нечестного поступка управляющего. Иисус намекает, что такая верность мамоне исключает её последователей из числа истинных последователей Бога:

> Если вы не были верны в земном богатстве, кто доверит вам богатство подлинное?.. Ни один слуга не может служить двум господам: либо, полюбив одного, он не сможет любить другого, либо предан будет одному и будет пренебрегать другим. Вы не можете служить и Богу, и мамоне.

В отличие от притчи о блудном сыне, где подчёркивается необыкновенная щедрость любящего отца, эта притча о предусмотрительном управляющем провозглашает необходимость выбора: быть верным Богу или мамоне.

Этот акцент на выборе, кому или чему быть верным, подтверждается негативной реакцией фарисеев, которые «были сребролюбивы» и «слышали всё это» (Лк. 16:14): они «высмеивали Его»

(Лк. 16:14). Иисус смело ответил им: «Перед людьми вы за праведных себя выдаете [возможно, как предусмотрительный управляющий перед его должниками], но знает Бог сердца ваши. Что у людей в почете, для Бога — мерзость» (Лк. 16:15). Фарисеи хотели быть верными одновременно Богу и мамоне, но Иисус говорит, что это делает невозможным вхождение в Царство Божье.

Следующая притча ясно указывает на невероятную щедрость Бога:

> Ибо Царство Небесное подобно хозяину дома, который вышел рано поутру нанять работников в виноградник свой и, договорившись с работниками по динарию на день, послал их в виноградник свой; выйдя около третьего часа, он увидел других, стоящих на торжище праздно, и им сказал: идите и вы в виноградник мой, и что следовать будет, дам вам. Они пошли. Опять выйдя около шестого и девятого часа, сделал то же. Наконец, выйдя около одиннадцатого часа, он нашел других, стоящих праздно, и говорит им: что вы стоите здесь целый день праздно? Они говорят ему: никто нас не нанял. Он говорит им: идите и вы в виноградник мой, и что следовать будет, получите. Когда же наступил вечер, говорит господин виноградника управителю своему: позови работников и отдай им плату, начав с последних до первых. И пришедшие около одиннадцатого часа получили по динарию. Пришедшие же первыми думали, что они получат больше, но получили и они по динарию; и, получив, стали роптать на хозяина дома и говорили: эти последние работали один час, и ты сравнял их с нами, перенесшими тягость дня и зной. Он же в ответ сказал одному из них: друг! я не обижаю тебя; не за динарий ли ты договорился со мною? возьми свое и пойди; я же хочу дать этому последнему [то же,] что и тебе; разве я не властен в своем делать, что хочу? или глаз твой завистлив оттого, что я добр? Так будут последние первыми, и первые последними, ибо много званых, а мало избранных (Мф. 20:1–16, Синодальный перевод).

Современному читателю эта притча может показаться особенно странной и даже несправедливой, но она показывает, что щедрость хозяина земли — Бога — превосходит человеческие стандарты и ограничения. В отличие от притчи о предусмотрительном управляющем, здесь сам хозяин земли решает, что делать со своими деньгами; ими не распоряжается хитроумный управляющий. Повторяющиеся элементы рассказа, такие как наём работников пять раз за день и неожиданная, парадоксальная заключительная фраза: «последние станут первыми», а также «много званых, но мало избранных», перекликаются с полным повторов стилем Книги Притчей и словами Иисуса, завершающими притчу о предусмотрительном управляющем: «Вы не можете служить и Богу, и мамоне». Вместо того чтобы радоваться щедрости хозяина, работники, нанятые ранее, завидуют пришедшим позже и негодуют, что всем заплатили одинаково. Выходит, что, в глазах Бога, получать плату за свой труд — не так важно, как проявлять сострадание. Возможно, хозяин также рассчитывает на будущую благодарность и верность работников, нанятых в более позднее время, — в ответ на его нынешнюю щедрость; если так, то его кажущийся нелепым поступок оказывается предусмотрительным. Действительно, «щедрая душа не узнает голода, и того, кто другому дал напиться, от жажды избавят» (Притч. 11:25).

Наконец, Иисус рассказывает притчу, в которой смелая, настойчивая женщина сама проявляет качества *'ormah* («хитрость») и *m^ezimmah* («предусмотрительность», «осторожность») [Fox 2010: 61]:

> В одном городе был судья, который и Бога не боялся, и людей не стыдился. В том же городе жила одна вдова, и она постоянно приходила к нему и просила: «Защити меня от обидчика моего!» Он долго отказывался, но потом сказал самому себе: «Хоть я Бога не боюсь и людей не стыжусь, но эта вдова не оставляет меня в покое. Заступлюсь за нее, чтобы она больше не приходила и не досаждала мне». И сказал Господь: «Послушайте, что говорит этот нечестивый судья! Так неужели Бог не защитит тех, кого Он избрал, тех, кто взывает к Нему день и ночь? И станет ли Он медлить? Говорю вам, Он защитит их вскоре. Но когда придет Сын Человеческий, найдет ли Он веру на земле?» (Лк. 18:2–8)

Вдова в притче Иисуса честна и праведна. Она не боится безразличного, безбожного судьи и настойчиво требует защиты своих прав перед своим «обидчиком». Иисус намеренно не уточняет, какая именно несправедливость постигла вдову; он подчёркивает продуманность её поведения и её смелую настойчивость, которые в конце концов заставляют судью действовать, несмотря на его холодное, равнодушное отношение к делу. Возможно, кто-то пытался присвоить её землю; если это так, то «Дом гордеца Господь разрушит, а межу вдовы защитит» (Притч. 15:25). Фокс отмечает, что вдовы были «воплощением униженности и беспомощности» [Ibid.: 601], потому что «только мужчины имели прямой доступ к судам. Мужчины были этически обязаны защищать права вдов (напр., Втор. 27:19; Ис. 1:17, 23), но сами вдовы не имели возможности напрямую обратиться в суд» [Ibid.: 602]. Она остаётся верной себе, своей вере в справедливость и в свои права, и она бросает вызов социальному порядку, продолжая просить судью о заступничестве. В этой притче Иисус чествует женщин, показывая сильную, успешную вдову, которая выходит за пределы юридических рамок, чтобы добиться справедливого решения в свою пользу.

Автор Евангелия от Луки предваряет эту притчу кратким объяснением: «Затем Иисус рассказал им следующую притчу, желая показать, что им нужно постоянно молиться и духом не падать» (Лк. 18:1), но слушатель или читатель не должен ограничиваться этим комментарием Иисуса, ведь великая литература всегда многозначна. Более того, притча не сводится только к фразе «им [ученикам, мужчинам] нужно постоянно молиться», так как в её центре находится решительная, исполненная надежды женщина. Таким образом, Иисус вдохновляет как женщин, так и мужчин быть хитроумными в достижении своих целей. Вдова добивается справедливого решения судьи.

Раввин Ф. Штерн отмечает:

> Распространённой формой доказательства правильности какого-либо вероучительного положения среди мудрецов первого века было подтверждение верности более общего положения на основании какого-либо частного случая.

Такое рассуждение обычно включало фразу «тем более». Иисус использует тот же приём. Если равнодушный судья в конце концов уступил мольбам и удовлетворил просьбу вдовы, то тем более Бог — справедливый и милосердный — откликнется на молитвы праведников [Stern 2006: 204].

Современникам Иисуса, вероятно, было проще понять эту притчу, чем читателям эпохи модерна или постмодерна. Логика первого века уступила место античным силлогизмам и философии, которые могут затруднять понимание культурного контекста времён Иисуса. В следующей главе мы обратимся к парадигматической ветхозаветной притче, которая могла послужить образцом для притч Иисуса, что позволит нам ещё глубже раскрыть его образ мысли.

Глава третья
Источники притч Иисуса в Еврейской Библии

Притча Натана об овечке: 2 Цар. 12:1–7а

Если Иисус действительно расширял некоторые назидательные высказывания до притч-рассказов, то откуда он мог почерпнуть эту идею? В Ветхом Завете притчи встречаются редко. У. Ф. Олбрайт и К. С. Манн отмечают: «Литературный жанр притчи встречается в Ветхом Завете, но используется не слишком широко <...> Первая настоящая притча в Ветхом Завете — это гипотетический случай, представленный Натаном Давиду (2 Цар. 12:1–6)» [Albright, Mann 2011: cxxxiii]. Эта самая известная ветхозаветная притча, в которой говорится о бедняке и его овечке, его домашней любимице, похищенной богатым человеком и заколотой для его пира, была рассказана пророком Натаном, когда он хотел пристыдить царя Давида за то, что тот украл единственную жену Урии Хеттеянина для своего удовольствия. После этого Вирсавия становится одной из женщин в гареме Давида:

ГОСПОДЬ послал к Давиду пророка Натана, и тот, придя к нему, рассказал притчу: «Два человека жили в одном городе, один богач, а другой бедняк. У богача было великое множество стад и отар, а у бедняка — только одна маленькая овечка, которую он приобрел и выкормил. Она росла вместе с его детьми, ела с его руки, пила из его чаши, лежала у него на груди и была ему как дочь. Пришел к богачу путник, и тот пожалел собственный скот на угощение гостю, а взял овечку бедняка и приготовил ее для гостя». Давид сильно разгневался на того человека и сказал Натану: «Жив ГОСПОДЬ, смерти достоин тот, кто так поступил! А за овечку должен заплатить вчетверо, раз он поступил так безжалостно!» «Этот человек — ты сам!» — отвечал Давиду Натан (2 Цар. 12:1–7a).

Царь Давид, сам бывший пастух, проявляет сочувствие к потерявшему свою единственную овечку бедняку из притчи Натана, пока пророк не раскрывает ему, что он сам подобен богачу из притчи, поскольку забрал жену бедного солдата, верно служившего ему на поле битвы. Эта история потрясает Давида: из заинтересованного слушателя он превращается в возмущённого несправедливостью царя, готового возместить ущерб владельцу единственной овечки, а затем в преступника, представшего перед Богом-Судьей, чьим вестником является Натан. Притчи Иисуса также способны вызывать подобное потрясение и духовный переворот, хотя он обычно не обращается к конкретным слушателям с прямым обвинением, как Натан к Давиду со словами: «Этот человек — ты сам!»

Реакция Давида на притчу показывает, как радикальные положительные изменения могут произойти через взаимодействие с историями, рассказанными в жанре притчи. Они могут быть даже более эффективными, чем когда слушатель слышит прямое предписание, как, например, заповедь «Не прелюбодействуй» (Исх. 20:14), или короткие назидания, предостерегающие от соблазнительницы, например: «В сердце своем не желай красоты ее, / не дай ей пленить тебя ресницами. / Ведь из-за женщины продажной ты лишь куска хлеба лишишься, / а чужая жена за бесценной жизнью твоей охотится» (Притч. 6:25–26). Отметим, что Вирсавия не стремилась намеренно привлечь внимание Давида, когда совершала обряд омовения на открытом воздухе (2 Цар. 11:2), — именно Давид, как обладающий властью царь, стал причиной совершённого ею прелюбодеяния. Иисус, возможно, осознал силу литературного жанра притчи благодаря этому эпизоду — ведь царь Давид, подобно блудному сыну, признаёт: «Согрешил я перед Господом» (2 Цар. 12:13a). Возможно, Иисус пришёл к выводу, что раз уж люди не подчиняются чётким запретам, таким как заповедь о прелюбодеянии, то их можно застать врасплох интересным рассказом, который внезапно раскрывает их греховность, как это произошло с Давидом. Какой бы ни была его мотивация, Иисус использовал притчи как пророк — подобно пророку Натану, — хотя его истории обращены к более широкой аудитории, а не к конкретному царю, и он редко завершает их прямым утверждением, что его слушатели подобны героям его рассказов.

Истоки стиля притч Иисуса

Возможно, помимо диалога пророка Натана и царя Давида, истоки жанра притчи можно найти в откровениях Божиих, выраженных в книгах некоторых великих и малых пророков. Например, в книге Осии пророк объясняет, что в глазах Бога падший Израиль подобен грешной, прелюбодейной женщине, которая заслуживает того, чтобы быть отверженной и получить развод. Однако из любви к ней он отказывается это сделать и вместо этого умоляет её изменить свои пути. Это не притча, а скорее развёрнутая аналогия, сравнивающая Израиль с неверной женщиной. Тем не менее она демонстрирует творческое литературное мастерство Бога — стиль пророчества, который, повторим, способен потрясти внимательных слушателей больше, чем настойчивое повторение призыва исполнять свои обязательства перед Богом — ведь они, как избранный им народ, заключили с ним завет. Эта аналогия также ещё раз повторяет ясную мысль безусловной любви Бога к своему народу.

Согласно Евангелиям от Матфея и Иоанна, Иисус начинает своё общественное служение не с притч, а с прямых заповедей или моральных наставлений, которые менее озадачивают слушателя и, можно предположить, проще для понимания, чем развёрнутые повествования притч. Например, в Нагорной проповеди он говорит: «Блаженны миротворцы: Божьими их назовут детьми» (Мф. 5:9). Значение этой фразы понятно, поскольку она подразумевает: «Будьте миротворцами». Так же и в Ин. 4:24: «Бог — это дух, и те, кто *хочет* поклоняться Ему, должны поклоняться в духе и истине». Блаженства Иисуса, по сути, перекликаются с «макаризмами из Книги Притчей, которые восхваляют определённую добродетель, провозглашая благо её обладателю» [Fox 2010: 161]. Например, «Благо тому, кто достиг мудрости, кто обрел здравомыслие» (Притч. 3:13); «Благо тому, кто меня [Премудрость] слушает, кто у дверей моих все дни проводит, стоит на страже у порога моего» (Притч. 8:34); и «Благо тому, кто всюду *зла* остерегается, а тот, чье сердце строптиво, попадет в беду» (Притч. 28:14).

Однако уже в пятой главе Евангелия от Матфея он вскоре переходит от таких кратких наставлений к рассказу с использованием развёрнутой метафоры о «соли»: «Вы — соль земли, но если соль станет пресной, что сделает ее соленой? Ни на что она не годится больше: ее выбрасывают вон, под ноги людям» (Мф. 5:13). Если бы он остановился на утверждении, что слушатели его послания — «соль земли», эта метафора была бы похожа на «блаженны миротворцы», она была бы хотя и менее прямолинейной, но всё же понятной, поскольку аудитория уже знала вкус соли и её использование как хорошего консерванта. Развёртывание этой метафоры, изображающее последствия потери вкуса соли — «ни на что она не годится больше: ее выбрасывают вон, под ноги людям», — вводит образное предупреждение об опасном исходе: соль будет выброшена и раздавлена ногами людей.

Тем не менее Иисус не разрабатывает метафору соли дальше, мгновенно переходя к метафоре света и вновь разворачивая её: «Вы — свет мира. Не может быть скрыт город, на вершине горы расположенный. И когда зажигают светильник, не под сосуд его ставят, но на подставку, и он светит всем в доме. Пусть и ваш свет людям светит, чтобы они видели ваши добрые дела и прославляли Отца вашего Небесного» (Мф. 5:14–16). Употребляя эту метафору, он имеет в виду, что всем известно, что такое свет, но он также приводит живой пример, напоминающий о том, как ярко свет может светить, — освещённый город на вершине холма, свет которого можно увидеть издалека, а также то, как светит лампа в доме, которую не прикрывают сосудом, а ставят на подсвечник. Иисус, вероятно, рассчитывал на то, что слушатели свяжут свет «на подставке» с другим коротким изречением: «Светильник ГОСПОДЕНЬ в человеке — дух его, освещает он все глубины его естества» (Притч. 20:27). Такая ассоциация усилила бы мощь метафоры: свет становится не только источником освещения и утешения для окружающих, но и даром Господа, который, даруя этот «светильник», одновременно «освещает он все глубины его естества». Слова Иисуса перекликаются с этой притчей, когда он подтверждает: «Нет ничего сокрытого, что не открылось бы, и *нет ничего* тайного, о чем не узнали бы» (Лк. 12:2).

Возможно, начиная преподавать учение мудрости посредством притч, но не будучи пока уверенным, что его аудитория, даже с помощью этих двух ярких образов «соли» и «света», поймёт его послание, Иисус завершает метафору моральным наставлением: «пусть и ваш свет людям светит»; однако это должно происходить не ради самопревозношения, но для того, чтобы люди «прославляли Отца вашего Небесного». Иисус призывает своих слушателей освещать жизни других, находясь, однако, под постоянным наблюдением со стороны Бога, так чтобы был почитаем истинный источник этого духовного света. В самом деле, мысль, которую он подчёркивает, напоминает нам, что «Путь праведных словно свет зари, что сияет все ярче и светлее к полудню» (Притч. 4:18), а также что «Радостен свет у праведных, а светильник нечестивых погаснет» (Притч. 13:9). Бог, которого, безусловно, нельзя уподоблять чему-либо, так чтобы это не привело к идолопоклонству, подобен солнцу: он не только зажигает свет внутри верующего, но также освещает его или её путь праведности.

Иисус возвращается к идее светильника, помещённого на подставку, в Евангелии от Луки:

> Никто, зажегши светильник, не станет накрывать его сосудом или прятать под кроватью. Напротив, его ставят на подставку, чтобы входящие видели свет. Ибо нет ничего тайного, что не стало бы явным, и скрытого, что не стало бы известным и не вышло на свет. Итак, следите за тем, как вы слушаете, — еще больше будет дано тому, у кого есть внимание к слову, а у того, у кого нет, будет взято и то, что, как ему кажется, у него есть (Лк. 8:16–18).

Здесь Иисус более подробно проговаривает ранее озвученную мысль о том, что светильник символизирует дар Божьего духа каждому человеку. И пока добрый человек освещает жизни окружающих, одновременно Бог исследует сердце этого человека. Следовательно, от Бога ничего нельзя скрыть, и подразумевается, что со временем ничего нельзя будет скрыть и от других. Он также указывает, что тем, кто принимает глубины его мудрости, будет дано больше, в то время как тот, кто не замечает или отвергает мудрость, увы, потеряет даже «и то, что, как ему кажется, у него есть». Как мы отмечали ранее, мудрый человек, который цепляется за свою «прочную» мудрость и не хочет расширять её границы, становится всё менее мудрым — таким образом, по слову притчи, «будет взято и то, что, как ему кажется, у него есть». Невозможно остановиться как в развитии, так и в регрессе: живой человек всегда духовно движется в одном или другом направлении, никогда не достигая конечной цели до самой своей смерти.

В последующих притчах Иисуса эти яркие образы, предназначенные для воображения слушателей, будут расширены до связных повествований, в которых визуальные образы объединены общей сюжетной канвой. В этих историях отсутствует заключительная мораль, поскольку Иисус рассчитывает, что его слушатели будут глубоко тронуты притчами и сами сделают нравственные выводы. Как Бог-Отец со слушателями пророка Осии, Иисус рискует, предоставляя своей аудитории свободу интерпретации его слов в надежде, что это послужит им нравственным назиданием, которое выразится в поступках, в итоге прославляющих Бога.

Риск предоставления свободы интерпретации притчи слушателям или читателям и Притча о сеятеле: Лк. 8:5–8, а также Притчи о строителях дома: Лк. 6:47–49 и Мф. 7:24–27

Предоставление слушателям или читателям притч свободы интерпретировать их по своему усмотрению рискованно, поскольку они могут либо воспринять слова слишком буквально, либо полностью упустить мораль притчи. И то, и другое происходит с его учениками, которые воспринимали его учение больше, чем кто-либо другой, и, казалось бы, должны были понять смысл его притч, но, к сожалению, этого не произошло. В четвёртой главе Евангелия от Иоанна, в конце разговора Иисуса с падшей женщиной-самаритянкой у колодца, его ученики возвращаются из города, куда они ходили, чтобы купить еды, и предлагают ему поесть принесённую ими пищу. «Но Он сказал им: "У Меня есть пища, о какой не знаете вы". *В недоумении* спрашивали они друг друга: "Не приносил ли кто поесть Ему?" Иисус же продолжал: "Исполнить волю Пославшего Меня и дело Его завершить — вот пища Моя"» (Ин. 4:32–34). Ученики неправильно понимают, что имеет в виду Иисус под словом «пища», а значит, они могут не понимать и другие использованные им метафоры, такие как «соль» и «свет», а также притчи без конкретно сформулированной морали. Тем не менее он даёт им свободу не понимать его слова полностью, возможно, оставаясь в надежде, что их мудрость со временем возрастёт. Очевидно, именно это и произошло, потому что автор этого Евангелия показывает нам, что их буквальное понимание слова «пища» было слишком упрощённым. Чтобы прийти к более глубокому пониманию его слов, ученики Иисуса должны были принять предложенное им разъяснение; они были готовы к тому, что он исправит то, как они понимают это важное понятие: пища — это действительно «исполнить волю [Бога] и <...> завершить [Его] дело». Благодаря этому объяснению они стали мудрее.

В притче — небольшой истории, содержащей моральные истины, — которую рассказывает Иисус в Евангелии от Луки, он показывает, что осознаёт, что лишь немногие поймут смысл его притч. Он подобен мудрецу, описанному в Притч. 15:7: «Уста мудрых сеют знание, а сердце глупых бесплодно». Эта история о семенах показывает, что первые три попытки земледельца терпят неудачу; лишь в четвёртый раз посеянное семя приносит плод:

> «Вышел сеятель засеять *поле* семенами. И когда сеял, часть семян упала у дороги, где они были затоптаны, и птицы поднебесные склевали их. Другие упали на каменистую

почву и, как только взошли, засохли из-за недостатка влаги. Некоторые упали среди колючек, росли вместе с ними, и те заглушили их. А иные упали в землю добрую, взошли и дали стократный урожай». И, сказав это, Он воскликнул: «У кого есть уши, чтобы слышать, пусть услышит!» (Лк. 8:5–8). (В Мк. 4:3–9 содержится более краткий вариант этой же притчи.)

Его ученики вполне предсказуемо не понимают смысла притчи, но, по крайней мере, осознают, что должны её понять, и поэтому просят Иисуса объяснить им смысл притчи. Иисус, очевидно, доволен их просьбой и даёт им объяснение:

Ученики же спрашивали Его, что могла бы значить эта притча. Иисус ответил: «Вам *от Бога* дано тайны Царства Его узнать, а для остальных *всё* в притчах *остаётся*, чтобы, *как сказано в Писании*, смотрели — и не видели, слушали — и не понимали. Вот что значит эта притча: семя — это слово Божие. С теми, кто слышит *слово, бывает, как с зернами* при дороге: *слышат такие люди слово*, потом приходит дьявол и забирает это слово из сердца *каждого из них*, чтоб не уверовали они и не были спасены. Те же, что *упали* на камень, — это про людей, которые, услышав слово, с радостью принимают его. Но нет у них корня: они становятся верующими на *какое-то* короткое время, а в дни испытания отступают *от веры*. Среди колючек посеянное — это о тех, кто слышит *весть*, но идут они *своим путем, их духовный рост со временем* заглушается заботами, богатством и удовольствиями жизни, так что плод их никогда не созревает. А *семена, упавшие* на добрую землю, — это о тех, кто, услышав слово, хранит его в сердце благородном и добром; такие благодаря *своей* стойкости приносят урожай» (Лк. 8:9–15).

Такое ясное объяснение этой притчи, данное Иисусом, помогает его слушателям, а впоследствии и читателям, понять, что он действительно использует вымышленную историю для передачи важной идеи нравственного характера; таким образом, поиск подобных интерпретаций за пределами буквального смысла истории о труде земледельца является уместным. Это также показывает, что, несмотря на множество притч, в которых он призывает своих слушателей к восприятию мудрости и принесению духовных плодов, Иисус понимает, что лишь немногие услышат этот призыв, и только некоторые из них будут терпеливо проходить путь роста, необходимый для того, чтобы созреть и принести плод, который прославит Отца, когда будут разделены с остальными. Иисус учитывает слова пророка Исаии: «Вслушивайтесь — но не поймете! Вглядывайтесь — но не увидите!» (Ис. 6:9), одновременно утверждая, что те, кто сохраняет его слово «в сердце благородном и добром», принесут обильный, действительно «стократный» урожай. Также Иисус вспоминает сетования пророка Иеремии: «Возвестите это роду Иакова, поведайте в Иудее, / выслушай это, народ безрассудный и безумный: есть у этих людей глаза, но они не видят, уши есть у них, но они не слышат» (Иер. 5:20–21). Иисус вспоминает осуждение пророком Иезекиилем своих современников, обречённых на изгнание: «Смертный человек! Ты живёшь среди мятежного люда. Есть у них глаза, чтобы видеть, но они не видят, есть уши, чтобы слышать, но не слышат — они поколение мятежное» (Иез. 12:2). Кажется, для Иисуса исполнение слов пророков является обязательным, ведь он утверждает в Евангелии от Иоанна, что «сказанное в Писании непреложно» (Ин. 10:35b).

Раввин Ф. Стерн считает, что «Иисус скрывал свои тайны в метафорах, чтобы защитить себя. Посторонние не стали бы применять к нему физическое насилие, если бы оставались в неведении относительно этих тайных смыслов» [Stern 2006: 259]. Его последователи, которые понимали его загадочные рассказы, тоже в итоге нуждались в такой защите. Стерн указывает, что «авторы Евангелий называли их по-разному — саддукеи, фарисеи, книжники, законники, первосвященники, просто священники — и делали некоторых из них ответственными за суд над Иисусом и его распятие. Иисус называл их лицемерами, безумцами, слепыми наставниками и порождениями ехидны» [Ibid.]. Однако Стерн подчёркивает, что лишь некоторые из этих людей противостояли Иисусу; значительное их число следовало за ним, как, например, фарисей Никодим (Ин. 3:1–21, 19:39–42) и неназванный книжник, желавший следовать за Иисусом, куда бы тот ни шёл (Мф. 8:19–20).

То, что лишь одна из четырёх попыток посева урожая оказывается успешной, могло бы быть удручающим для земледельца, если бы он не мог рассчитывать на богатый урожай — как качественно, так и количественно — при удачном севе. В целом, эта притча может быть развитием наставления из Притч. 3:18: «Древо жизни она [мудрость] для всех, кто ею владеет, и благо дарует тем, кто за нее держится». Если это так, то Иисус изменяет смысл притчи, предлагая слушателю не владеть или «держаться» за «древо жизни», а самому стать этим деревом, пустив глубокие корни, которые придадут ему устойчивость и продлят ему жизнь. Ведь «Никто не утвердится злом в этом мире, а корень праведника не поколеблется» (Притч. 12:3), и «Нечестивец жаждет наживы неправедной, а корень праведников плод принесет» (Притч. 12:12). Притчи Иисуса часто побуждают к внутренним переменам и росту, а не просто к внешнему соблюдению законов и традиций прошлого. Он стремится внушить своим слушателям, что «прорастание» в мудрость, так что она начинает естественно проявляться в поступках, поскольку становится частью внутреннего нравственного облика, — это гораздо важнее, чем следование «правилам» мудрости ради того, чтобы казаться мудрым и боящимся Бога.

Примечательно, что в Евангелии от Луки это первая развёрнутая притча, рассказанная Иисусом. Её, возможно, предварял яркий образ слепого, ведущего слепого, в Лк. 6: «Он также говорил им, прибегая к сравнению: «Может ли слепой вести слепого? Не упадут ли они оба в яму? Ученик не выше учителя своего, но, выучившись, каждый может стать таким, как учитель его» (6:39–40). Это не полноценная притча с развитым повествованием; скорее, это похоже на моментальный снимок: слепые падают в яму. Тем не менее этот образ передаёт нравственное послание, побуждающее учеников преодолеть свою слепоту и «выучиться», чтобы в итоге действовать «как [их] учитель», который сам не слеп, а обладает глубокой проницательностью. Развёрнутые притчи, такие как рассказ о четырёх попытках сеятеля вырастить злаки, «выучивают» учеников становиться похожими на своего учителя, который сам воплощает свет и озаряет им других.

Сразу за этой притчей следует упоминание лампы, которую не скрывают, а ставят на подсвечник, о чём было сказано выше. Сеятель должен разбрасывать свои семена, так же как лампа должна светить на благо людям, а семена должны пускать корни, так же как дом должен быть построен на прочном, долговечном основании. Идея глубокой укоренённости и одновременно гибкости в росте — корни живут и движутся, подобно глубоким водам, — выражена в этих словах Книги Притчей: «Слова из уст человека — глубокие воды, бурный поток, родник мудрости» (Притч. 18:4). «Сердце благородное и доброе» (Лк. 8:15), о котором говорится в притче, становится источником глубокой, постоянно растущей мудрости, и Иисус утверждает: «знает Бог сердца ваши» (Лк. 16:15).

Более краткая притча-история предшествует притче о четырёх попытках сеятеля вырастить зерно. Она подчёркивает необходимость того, чтобы у дома — или у верующих — было прочное основание, которое выдержит бурные шторма. Возможно, в ней в развёрнутой форме представлены некоторые изречения Книги Притчей, например: «Настигнет беда нечестивого и не станет его, а дом праведника устоит» (Притч. 12:7), и «Мудростью созидается дом, здравомыслием утверждается» (Притч. 24:3).

> Знаете, с кем можно сравнить того, кто приходит ко Мне, слушает Мои слова и исполняет их? Скажу вам, на кого он похож. Он похож на человека, который строил дом и, вырыв глубокую яму, заложил основание дома на скале. Когда река разлилась и хлынула на этот дом, то не смогла разрушить его, так как он был построен хорошо. А тот, кто слушает Мои слова и не исполняет их, похож на человека, построившего дом прямо на земле без прочного основания. Когда хлынула река на этот дом, он сразу же рухнул. И в какие развалины он превратился! (Лк. 6: 47–49)

В заключении седьмой главы Евангелия от Матфея Иисус приводит эту же притчу, первую действительно развёрнутую притчу в этом Евангелии:

«Итак, всякого, кто слушает и исполняет эти слова Мои, можно сравнить с благоразумным человеком, который построил свой дом на скале. Хоть и пролился дождь, вышли из берегов реки, подули ветры и обрушилось всё это на дом тот, но не упал он, потому что поставлен был на скале. А того, кто слушает эти слова Мои, но их не исполняет, сравнить можно с человеком безрассудным, построившим дом свой на песке. Пролился дождь, вышли из берегов реки, подули ветры, и под натиском их рухнул тот дом. Страшным было это падение!» (Мф. 7:24–27)

В отличие от версии этой притчи у Луки, в Евангелии от Матфея прямо сказано, что слушающий и исполняющий слова Иисуса — это «благоразумный человек»[1], что является важным указанием на то, что Иисус видит себя воплощением и учителем мудрости. А тот, кто не слушает и не исполняет его слов, — «безрассудный»[2] человек. Противопоставление «мудрого» и «глупого» человека также часто встречается в Книге Притчей. Например: «Мудрые опасаются зла и его сторонятся, а глупый самонадеян и вмешивается, не разобравшись» (Притч. 14:16); «Мудрый сын радует отца, а глупый и мать свою презирает» (Притч. 15:20); «Женщина мудрая созидает свой дом, а глупая — своими руками разрушает» (Притч. 14:1). Иисус понимает, что не все, кто слышит его слова, обретут мудрость; в этом он проявляет мудрую реалистичность. Иудейская аудитория, к которой обращается Евангелие от Матфея, вероятно, могла опознать в словах Иисуса образы «мудреца» и «глупца» из известной им литературы Премудрости.

В версии Матфея также использован более яркий язык, чем у Луки: усилены образы, описывающие бурю: не просто «хлынула река на этот дом», а «пролился дождь, вышли из берегов реки, подули ветры, и под натиском их рухнул тот дом». Наконец, здесь Иисус использует такой часто встречающийся в Книге Притчей библейский литературный приём, как повторы: в притче дважды повторяются фразы «построил дом свой на...» и «пролился дождь,

---

[1] В английском переводе «мудрый человек». — *Прим. перев.*

[2] В английском переводе «глупец». — *Прим. перев.*

вышли из берегов реки, подули ветры, и под натиском их рухнул тот дом». Таким образом, Иисус разворачивает отдельные образы «соли» и «света» в динамичные картины строительства дома и сильной бури, который этому дому предстоит выдержать. Использованные в притче глаголы позволяют его слушателям представить себе постройку дома и пребывание в нём во время шторма. Повторение, как и в Притчах, подчёркивает неожиданный исход, в том случае, когда он отличается от ожидаемого: в первом случае «не упал он, потому что поставлен был на скале». Во втором при тех же обстоятельствах — постройка дома и буря — «рухнул тот дом. Страшным было это падение!» Это неожиданное завершение притчи вызывает тревогу у его слушателей (и позже читателей Евангелия), заставляя их задаваться вопросом: «Что же это за скала?»

Повеление, встроенное в обе притчи о скале и буре, даёт ответ: «слова Мои». Эти слова нужно услышать и «исполнить», что порождает ещё один вопрос: что значит слушать и исполнять эти слова, чтобы избежать того, чтобы твой дом или убежище были сметены потоком? Чтобы не уподобиться «безрассудному человеку», адресат одной из первых попыток Иисуса рассказать притчу должен найти ответы на эти вопросы и затем изменить свою жизнь в соответствии с той мудростью, что он получил из этих ответов. Возможно, «дом» означает нечто большее, чем некую постройку; может быть, он символизирует тело или жизнь человека. Притчи требуют постоянного истолкования на протяжении всей жизни, потенциально приводя к преображающим жизнь результатам; поэтому неразумно давать им однозначные интерпретации, как не имеет смысла заполнять кроссворд, подсмотрев нужные слова в ответах. Идея строительства дома на несокрушимом основании может быть взята из Притч. 10:25: «Налетит буря — и нет нечестивца, праведник устоит вовек», или из Притч. 12:7: «Настигнет беда нечестивого и не станет его, а дом праведника устоит». Глубокие корни и прочное основание необходимы для истинного последователя Бога.

Некоторые изречения Книги Притчей также указывают на то, что дом должен быть построен с мудростью: «Мудростью созидается дом, здравомыслием утверждается; / и знание наполняет покои его добром драгоценным и приятным» (Притч. 24:3–4). «Добро», о котором говорится здесь, вероятно, сильно отличается от того, что планировал хранить строитель амбара из притчи Иисуса, рассмотренной во второй главе. В самом деле, Книга Притчей прямо объясняет, что такое истинное богатство:

> Благо тому, кто достиг мудрости,
> кто обрел здравомыслие.
> Больше прибыли от мудрости, чем прибыли от серебра,
> и дохода от нее гораздо больше, чем от *чистого* золота.
> Ведь мудрость дороже жемчугов,
> не сравнится с ней никакая прихоть.
> В правой руке у нее — долголетие,
> в левой — богатство и слава.
> Все пути ее — пути радости,
> все стези ее — благоденствие.
> Древо жизни она для всех, кто ею владеет,
> и благо дарует тем, кто за нее держится (Притч. 3:13–18).

Внимание, которое уделяет Иисус образу созидания дома, наполненного истинным богатством, вероятно, восходит к Книге Притчей.

Как было указано выше в обсуждении седьмой главы Книги Притчей, краткие наставления, содержащиеся в этой книге, имеют вид предписаний: «делай это» («сбереги мои заповеди» (Притч. 7:1a)), «не делай того» («Пусть сердца ваши не соблазнятся ее путями, по стезям ее не блуждайте» (Притч. 7:25)), «обретай мудрость» («мудрости скажи: "ты сестра моя"» (Притч. 7:4a)). В то же время литературное произведение, и в частности притча, действует иначе: она увлекает, затрагивает слушателей и читателей неожиданно глубоким образным языком, выводит из равновесия и тем самым открывает внутреннее пространство, которое требует от человека истолковать рассказ, интегрировать его в свои знания, пересмотреть свои прежние убеждения и, возможно, изменить свои действия в будущем. В тех, кто воспринимает их всерьёз, притчи вызывают глубокий отклик, способный изменить жизнь. По-видимому, Иисус это понимал, поскольку сделал притчи «своей самой характерной формой учения» [McFague 1975: 74]. Любопытно, что его непосредственные ученики, судя по всему, не рассказывали притч, поскольку в книге Деяний Апостолов их нет. Этот жанр, похоже, был свойственен именно Иисусу.

Уверенность Иисуса в жанре притч как Его собственном способе рассказывать истории

Завершив одну из своих ранних притч — притчу о сеятеле, который делает три неудачные попытки и наконец достигает успеха в четвёртой, приносящей плод, — Иисус спрашивает своих учеников: «Вы этой притчи не поняли? Тогда как же вы поймёте другие?» (Мк. 4:13). Эти слова ясно указывают на то, что он собирается рассказать ещё множество таких нравоучительных историй в будущем. Несколькими стихами позже автор Евангелия от Марка утверждает: «без притчи Он не учил их, а наедине ученикам Своим всё объяснял» (Мк. 4:34). Таким образом, Иисус в частной беседе с близкими последователями углубляет их понимание этих рассказов и, следовательно, их мудрость, но это не значит, что он объясняет им, как наставлять других, используя притчи.

Р. Л. Рорбо отметил, что притчи Иисуса

> опираются на события из реального мира, чтобы создать воображаемую ситуацию с открытым финалом — то, что можно назвать повествовательным миром, — который слушатели приглашаются осмыслить. Притча не предлагает ни готового ответа, ни толкования, оставляя слушателям возможность раздумывать о вариантах, которые история открывает в их собственных обстоятельствах [Rohrbaugh 1993: 33].

Размышления о жанре притчи и использовании его Иисусом показывают, что он, произнося свои притчи, действовал как «писатель», творец рассказа, чтобы достичь стоявших перед ним нравственных целей — открыть своим слушателям дарующее жизнь «Царство Божие». Иисус дополняет и совершенствует как учение мудрости, которое он почерпнул из Книги Притчей и других произведений еврейской литературы Премудрости своего времени, так и стиль, характерный для этих текстов. Отсутствие притч в Еврейской Библии указывает на то, что он создал собственный извод этого жанра для достижения своих собственных благих целей. Хотя это редко признаётся, Иисус проявляет себя как автор, творец художественного слова, создатель рассказанных устно нравоучительных историй, называемых притчами.

Автор седьмой главы Книги Притчей, во всяком случае, прекрасно понимает силу сравнений, когда он или она описывает судьбу легкомысленного юноши: «Тотчас он пошел за нею [соблазнительницей-прелюбодейкой], как вол идет на убой, [и как пес — на цепь,[3]] и как олень — на выстрел, доколе стрела не пронзит печени его; как птичка кидается в силки, и не знает, что они — на погибель ее» (Притч. 7:22–23, Синодальный перевод). Внимательный читатель этого поэтического отрывка живо представляет себе вола, слепо идущего на убой; упирающегося глупца, который подвергается публичному унижению, пока его тащат к колодкам; и ничего не подозревающую птицу, стремительно приближающуюся к ловушке, поставленной охотником. Разница между этими яркими сравнениями (все они начинаются с «как») и настоящей притчей состоит в том, что эти образы суть лишь мгновенные сцены: вол, глупец и птица, — тогда как притча рассказывает развёрнутую историю, часто включающую ответвления сюжета, которые вводят дополнительные темы.

Притча о блудном сыне вполне могла бы закончиться празднованием возвращения грешного сына (Лк. 15:22–24), но она дополняется возмущённым отказом старшего брата войти в дом, где проходит праздник (Лк. 15:28). Это «дополнение» высвечивает два греха: похоть, о которой говорит и от которой предостерегает седьмая глава Книги Притчей, а также гордое высокомерие

---

[3] В английском переводе: «or as a fool to the correction of the stocks» — «словно глупец на пути к колодкам». — *Прим. перев.*

самодовольства, которое, вероятно, беспокоило Иисуса не меньше, чем его желание по-новому преподать слушателям премудрость седьмой главы Книги Притчей. Отец в этой истории даёт точный, полный сочувствия ответ на гневные упрёки со стороны старшего сына: «"Дитя мое! — сказал ему отец. — Ты всегда со мной, и всё, что есть у меня, — твое. Как же не веселиться нам и не радоваться тому, что этот брат твой был мертв — и ожил, пропадал — и нашелся?!"» (Лк. 15:31–32). Развёрнутое, сложное повествование, гораздо глубже, чем отдельные образы в Книге Притчей, показывает, что в царстве Божьем достаточно любви, радости и места для празднования для всех: как для обращённых грешников, так и для тех, кто уже праведен. Эта история при помощи живых образов призывает уверенных в собственной праведности людей осознать свою глупость и недостаток милосердия, если они не могут радоваться возвращению грешника и его возрождению к здоровой жизни в семье после, возможно, многих лет расточительства на пути к погибели.

Притчи Иисуса о «Царстве Небесном»: Притча о другом сеятеле: Мф. 13:3–9, Притча о пшенице и плевелах: Мф. 13:24b–30, Притча о бесплодной смоковнице: Лк. 13:6–9, Притча о горчичном зерне: Мф. 13:31b–32, Притча о закваске: Мф. 13:33, Притча о тайном росте семени: Мк. 4:26–29, Притчи о скрытом сокровище, драгоценной жемчужине и неводе: Мф. 13:44–50, Притчи о старой и новой ткани и старом и новом вине: Лк. 5:36–39

Все притчи из 13-й главы Евангелия от Матфея поясняют, что такое «Царство Небесное». Возникает вопрос: почему столь необходимо и важно повторение этой темы? Иисус чётко отвечает на этот вопрос в Лк. 4:43: «И в других городах Я должен возвестить о Царстве Божьем, ибо для этого Я послан». Кроме того, его «Царство Божие» не является конкретным местом на карте, но «Царство Божие внутри вас» (Лк. 17:21b). Притча о семенах, одни из которых дали плод, а другие нет, была рассказана, потому что «вам дано узнать тайны Царства Небесного» (Мф. 13:11). Идея о том, что мудрость таинственна и её необходимо взыскать, также является темой Книги Притчей. М. Фокс отмечает: «Бог *сокрыл* [sic] мудрость. Её необходимо *взыскать* [sic], прилагая усилия, как если бы она была спрятанным сокровищем» [Fox 2010: 115]. Вариант притчи о сеятеле, содержащийся в Евангелии от Матфея, лишь немного отличается от уже рассмотренного нами варианта из Евангелия от Луки (8:5–8), однако нам стоит привести его полностью:

Притча о другом сеятеле: Мф. 13:3–9

Многое сказал Иисус им в притчах. «Послушайте! — говорил Он. — Вот вышел сеятель сеять. Когда он сеял, часть зерен упала у дороги — налетели птицы и склевали их. Другие же зерна упали на каменистую почву, где земли было очень мало. Быстро взошли они, потому что слой земли был неглубок. Но когда поднялось солнце, оно опалило их — без сильного корня ростки засохли. Другие упали среди колючек, которые выросли и заглушили их. Иные же зерна упали на хорошую землю, и дали они урожай стократный, шестидесятикратный и тридцатикратный. У кого есть уши, пусть услышит!» (Мф. 13:3–9)

Эта версия притчи о сеятеле длиннее и содержит больше деталей, чем её краткий аналог в Лк. 8:5–8. Например, в версии Луки семена, упавшие на «каменистую почву», в отличие от «каменистой почвы, где земли было очень мало» у Матфея, «как только взошли, засохли из-за недостатка влаги» (Лк. 8:6), тогда как в рассказе Матфея семена «быстро взошли, потому что слой земли был неглубок. Но когда поднялось солнце, оно опалило их — без сильного корня ростки засохли» (Мф. 13:5–6). В тексте Матфея повторяется идея о том, что семена погибли из-за того, что не пустили глубокие корни, — это тема, которая перекликается с необходимостью строить дом на прочном основании, упомянутой выше при анализе притчи о двух домах, построенных на различных основаниях.

Текст Евангелия от Матфея также подробнее говорит о полученном урожае семян, которые «упали на хорошую землю, и дали они урожай стократный, шестидесятикратный и тридцатикратный» (Мф. 13:8), тогда как в версии Луки говорится просто о «стократном» размере урожая (Лк. 8:8). Более конкретное описание урожая в версии Матфея, возможно, связано с Притчей о талантах, которая будет рассмотрена ниже. В ней не каждый верующий приносит одинаковый результат — кто-то достигнет большего, чем другие, — но это оказывается приемлемым, если каждый прикладывает все свои усилия.

Однако объяснение Иисусом притчи о сеятеле в Евангелии от Матфея менее обширно, чем в Евангелии от Луки:

> «А теперь послушайте, что значит притча о сеятеле. Когда человек слышит весть Царства, но не понимает ее, приходит к нему нечистый и уносит посеянное в сердце его. Это представлено зерном, упавшим у дороги. А посеянное на каменистой почве — это о тех, кто слышит весть и тотчас с радостью принимает ее, но, так как нет у него корня, он непостоянен и тотчас теряет веру, едва начинаются притеснения или гонения за слово Божие. Среди колючек посеянное — это о тех, кто слышит весть, но мирские заботы и обольщение богатством заглушают ее, и она не приносит плода. На хорошей же земле посеянное представляет того, кто слышит и понимает весть. Он и приносит плод, и урожай может быть стократным, или шестидесятикратным, или тридцатикратным» (Мф. 13:18–23).

В версии Луки Иисус утверждает, что «семя — это слово Божие» (8:11), в то время как в приведённой выше версии Матфея говорится о «вести Царства», что придаёт пророческое звучание его словам о Царстве. Также слово «нечистый» у Матфея соотносится с более конкретным понятием «дьявол» у Луки, что вновь подчёркивает, что Царство — это также духовная борьба за привлечение тех, кто последует этим путём. Кроме того, в версии Луки говорится, что те, у кого дьявол забирает посеянное, лишаются возможности «уверовать и быть спасенными» (8:12b).

«Скала» (у Луки) и «каменистая почва» (у Матфея), куда падают семена, дополняются небольшим сюжетом в рамках более пространной притчи у Луки: эти семена «услышав слово, с радостью принимают его. Но нет у них корня: они становятся верующими на какое-то короткое время, а в дни испытания отступают от веры» (8:13), в отличие от Матфея: «тотчас теряет веру, едва начинаются притеснения или гонения за слово Божие». Аналогично более яркое, реалистичное описание сопровождает объяснение притчи о семенах, упавших среди терний, в версии Луки: «Среди колючек посеянное — это о тех, кто слышит весть, но идут они своим путем, их духовный рост со временем заглушается заботами, богатством и удовольствиями жизни, так что плод их никогда не созревает» (8:14), по сравнению с Матфеем: «это о тех, кто слышит весть, но мирские заботы и обольщение богатством заглушают ее, и она не приносит плода». Сравнение двух версий Притчи о сеятеле из обоих Евангелий показывает как предельную простоту рассказов Иисуса, так и его способность художественно усиливать основные моменты через описания и яркие образы. В Части II мы покажем, что некоторые отличия в версиях не изменяют сути послания о провозглашении Царства Иисуса и могут указывать на дополнения, сделанные писцом, который изначально фиксировал лишь самую базовую структуру его слов. Вопрос о том, были ли обе версии Притчи о сеятеле созданы самим Иисусом, возможно, в разных ситуациях, менее важен, чем тот факт, что эта притча хорошо запоминается и впечатляет как в художественном, так и нравственном отношении.

Притча о пшенице и плевелах: Мф. 13:24b–30

Иисус вновь обращается к образу «семени» в Притче о пшенице и плевелах:

Иисус рассказал им еще одну притчу: «Царство Небесное вот с чем сравню. Посеял человек на своем поле добрые семена. Когда люди спали, пришел его враг, посеял плевелы среди пшеницы и ушел. Когда посевы взошли, и колос начал наливаться, стали видны и плевелы. Слуги пошли к хозяину дома и сказали: "Господин! Разве не пшеницу ты сеял на поле своем? Откуда же появились плевелы?" "Враг это сделал", — ответил он им. Тогда слуги сказали: "Ты хочешь, чтобы мы пошли и выпололи их?" "Нет, — он ответил, — чтобы, выпалывая плевелы, не вырвали вы заодно и пшеницу, пусть вместе они растут до жатвы. А во время жатвы я скажу жнецам: выберите сперва плевелы и свяжите их пучками, чтобы сжечь, а пшеницу соберите в мои закрома"» (Мф. 13:24b–30).

Описывая «Царство Небесное», Иисус не только говорит со своими последователями о необходимости личного покаяния и обращения, но и переходит к препятствиям, с которыми они могут столкнуться не по своей вине. Их усилия быть «пшеницей» потенциально могут быть заглушены плевелами, которые были посеяны «врагом» и растут рядом с ними. Опасность заключается в том, что если сразу же начать бороться с этим «врагом», то при этом может быть вырвана и пшеница, которая в итоге не сможет принести свой плод, как если бы она была похищена врагом, высохла на каменистой почве или была задушена терниями при первых же всходах. Хорошему семени предстоит сохраниться среди плевел до самой «жатвы», когда произойдёт разделение плевел и пшеницы. Таким образом, Иисус показывает, что добрые семена, пытающиеся вырасти, встретятся с серьёзными препятствиями, но эти препятствия в итоге будут преодолены при помощи сеятеля и его слуг. Эта идея может отражать слова из Притч. 2:21–22: «ибо лишь честные будут населять землю и лишь непорочные останутся на ней. / Нечестивцы же истреблены будут, исторгнуты с земли, и вероломные будут искоренены».

Притча о бесплодной смоковнице: Лк. 13:6–9

В Евангелии от Луки Иисус подтверждает, что Бог действительно готов ждать:

И Он рассказал такую притчу: «У одного человека была смоковница, посаженная в его винограднике. И однажды он пришёл посмотреть, принесла ли она плоды, но ничего не нашёл. Тогда он сказал виноградарю: "Вот уже три года, как я прихожу сюда, чтобы посмотреть, не принесла ли смоковница плоды, и не нахожу *ни одного*. [Так] сруби ее! Зачем она землю истощает?" "Господин, — ответил ему виноградарь, — оставь ее и на этот год, а я тем временем ее окопаю и удобрю. Может, она еще принесет плоды в следующем *году*. Если нет, тогда срубишь"» (Лк. 13:6–9).

Единственным губительным действием Иисуса, о котором рассказывают Евангелия, является проклятие смоковницы:

На следующий день, когда они покидали Вифанию, Он почувствовал голод. Увидев вдали смоковницу, покрытую листьями, Он пошел посмотреть, нет ли на дереве плодов, но, подойдя, ничего, кроме листьев, не нашел: время для появления смокв еще не наступило. И тогда сказал Он, глядя на смоковницу: «Никто не будет больше есть твои плоды вовек!» <...> Ранним утром, проходя мимо смоковницы, они увидели, что дерево засохло до корней. Тогда вспомнил Петр слова Иисуса и сказал: «Равви, посмотри! Смоковница, которую Ты проклял, засохла» (Мк. 11:12–14a, 20–21).

Из этой истории следует то, что Господин виноградника, в котором растёт бесплодная смоковница, имеет предел терпения и обладает властью срубить бесплодное дерево.

Иоанн Креститель уже использовал образы «пшеницы» и «плевел», когда призывал своих слушателей к покаянию: «...идет Тот, Кто несравненно сильнее меня. Я недостоин развязать ремень обуви Его. Он будет крестить вас Духом Святым и огнем. Лопата в руке Его, чтобы очистить гумно Своё и собрать пшеницу в закрома Свои; мякину же Он сожжет огнем неугасимым» (Лк. 3:17). В пророчестве Иоанна добрую пшеницу уже принесли на ток, где она проходит очищение, чтобы сами зёрна были сохранены, а мякина — бесполезный материал, отделяемый от зерна, — была уничтожена огнём. Таким образом, Иоанн Креститель показывает, что даже добрая пшеница проходит дальнейшее очищение, когда мякина удаляется и уничтожается.

Притча о горчичном зерне: Мф. 13:31b–32

В 13-й главе Евангелия от Матфея Иисус рассказывает следующую притчу о семенах, переходя от пшеницы и плевел к деревьям, которые из небольшого ростка становятся больши́ми и сильными растениями:

> «Царство Небесное сравнимо с горчичным зерном, которое человек взял и посеял на поле своем. Зерно это — самое меньшее из всех семян. Но то, что из него вырастает, — больше всех огородных растений. Оно становится деревом, так что птицы поднебесные прилетают и гнездятся в ветвях его» (Мф. 13:31b–32). (Лк. 13:18–19 предлагает более краткую версию этой притчи.)

Всего в двух стихах Иисус создаёт яркий образ крошечного зерна, посеянного в поле, которое затем продолжает свой здоровый рост. Упоминание о птицах, находящих убежище в его ветвях, показывает, что пшеница и деревья существуют не только ради своего собственного жизненного цикла, но и для служения другим. Пшеница становится пищей, которая питает рост других, а крепкие ветви становятся безопасным домом для птиц. Притчи Иисуса о «Царстве Небесном» представляют слушателям образ царства, которое устроено совершенно иначе, чем то, в котором правит столь часто упоминаемый в Евангелиях «князь мира этого» (Ин. 14:30b). Говоря об этом царстве в своих притчах, Иисус показывает, что верующие не избегнут препятствий, но преодолеют их, так чтобы их процветание могло быть пищей и защитой для других.

Притчи о закваске: Мф. 13:33 и о тайном росте семени: Мк. 4:26–29

Также в 13-й главе Евангелия от Матфея Иисус произносит последнюю краткую притчу перед народом, прежде чем рассказать ещё больше подобных историй наедине со своими учениками: «Царство Небесное сравнимо с закваской, которую женщина взяла, смешала с тремя мерами муки, пока не заквасилось всё тесто» (Мф. 13:33). (Почти такие же слова содержатся в Лк. 13:20–21.) «Закваска» или дрожжи заставляют тесто подниматься, чтобы затем хлеб или пирог могли быть испечены и съедены другими. Многие притчи Иисуса подчёркивают, что «Царство Небесное» способствует росту, возрастанию или созреванию с целью служения другим в жизни, способствующей процветанию. Возможно, эта идея восходящего движения связана со следующим изречением: «Путь мудрого человека вверх устремлен, дабы избегнуть глубин Шеола» (Притч. 15:24). Эта восходящая динамика уже была отмечена в притчах о пшенице и плевелах, а также о горчичном зерне; рост происходит медленно, тихо, устойчиво, едва заметно и должен продолжаться, несмотря на сопротивление.

Короткая притча в Евангелии от Марка подробно говорит об этом тихом, едва заметном росте:

> «Царство Божие <...> так же возрастает, как зерна, брошенные в землю. Ночью спит человек, днем встает, а зерна тем временем прорастают, и тянутся вверх ростки, а как — человек до поры не видит. Земля же в должный срок приносит плод: сначала она дает зелень, потом колос, потом и полное зерно в колосе. И вот созревает зерно, и за серп человек берется, ибо время жатвы пришло» (Мк. 4:26b–29).

В этой небольшой истории говорится о семени, которое успешно проходит все стадии созревания, и, без дальнейшей помощи со стороны человека, занимающегося своими повседневными делами, оно прорастает, продолжает свой рост, формирует колос и затем достигает полного развития. На этом этапе его необходимо собрать для того, чтобы накормить других; его созревание направлено именно на эту цель, а не на «самореализацию».

Наедине со своими учениками Иисус объясняет, как именно он исполняет слова пророка, а также что означают его притчи, рассказанные народу: «Все это Иисус поведал народу в притчах, без притчи Он им не говорил ничего. Так исполнилось сказанное через пророка: "Открою в притчах уста Мои и провозглашу сокрытое от сотворения [мира]"» (Мф. 13:34–35). Похожие слова можно найти в Псалме 77:2: «Притчу поведаю устами своими, тайны древние изреку». Посредством созданных им притч, Иисус объясняет суть недостаточно ранее понятого выражения «Царство Небесное». На своём пути к распятию он остро осознаёт, что исполняет сказанное в Писаниях, созданных в древности.

На Масличной горе, когда его берут под стражу (Лк. 22:39, 47–50), он говорит ученику, который отсекает ухо слуге первосвященника, что мог бы молить Отца послать «двенадцать легионов ангелов» (Мф. 26:53) для защиты, но отказывается это сделать, ибо «как же тогда исполниться предсказанному в Писании, что всё это должно произойти?» (Мф. 26:54). Использование Иисусом притч для учения о «Царстве Небесном» столь же предопределено, как и его арест стражей и его конечное осуждение на смерть; в обоих случаях должно «исполниться предсказанное в Писании».

Надо отдать им должное, ученики просят его разъяснить притчу о пшенице и плевелах, рассмотренную выше:

> Сеятель доброго семени — Сын Человеческий; поле — это мир, доброе семя — сыны Царства, а плевелы — сыны злого духа. Враг, посеявший их, — дьявол. Жатва — это конец мира, а жнецы — ангелы. Как собирают плевелы и сжигают в огне, так будет и в конце мира. Сын Человеческий пошлет Своих ангелов, и они очистят Царство Его от всех, кто других совращал, и от тех, кто сам жил беззаконно, и бросят их в печь огненную, где будет плач и скрежет зубовный. Праведники же будут сиять, словно солнце в Царстве Отца своего. У кого есть уши, пусть услышит! (Мф. 13:37–43)

Это мгновенное, ясное, рассказанное небольшой группе учеников толкование той самой притчи, которую Иисус только что рассказал публично собравшимся людям, показывает, что Иисус, рассказывая притчу, точно знает, что именно он имеет в виду. Он почти что превращает притчу в аллегорию, поскольку предлагает прямое соответствие между каждым значимым элементом притчи и его более глубоким значением, которое он имел в виду: сеятель — это он сам; поле — это мир; добрые семена — его последователи; плевелы — ученики дьявола; сеятель плевел — это дьявол; жатва — это последний суд, а жнецы — это ангелы Бога. Определив всех главных персонажей и ключевые места в этой истории, он подробно объясняет их действия: плевелы будут собраны и сожжены в огненной печи; праведники будут сиять в Царстве Бога, их Отца. Притча сама по себе, а также её толкование, данное Иисусом, устанавливает с определённостью, что он выбрал притчи, которые, по крайней мере по его задумке, весьма близки к аллегории и призваны передать важное откровение о «Царстве Небесном».

Различие между жанрами притчи и аллегории заключается в том, что аллегория оставляет мало возможностей слушателю или читателю, который мог бы составить собственное толкование рассказа. Например, в западных средневековых аллегориях и в произведении Дж. Беньяна «Путешествие Пилигрима», датируемом эпохой Реформации, персонажи разве что не носят на себе табличек, на которых сказано, кто они по сути и кем останутся на протяжении всей истории: в тексте Беньяна Верный всегда верен, а Мирской Мудрец всегда остаётся мирским мудрецом. Иисус предвосхищает этот литературный стиль своим толкованием притчи. Вероятно, он делает это из опасения, что его ученики в противном случае упустят важный смысл притчи, который он в неё заложил. Сделать такое предположение нам позволяет то, что он продолжает говорить, не сделав паузы, для того чтобы рассказать — и истолковать, — ещё больше притч, чтобы у них было ещё больше пищи для размышлений и для научения.

Притчи о Скрытом сокровище, Жемчужине и Неводе: Мф. 13:44–50

В Мф. 13:44 он говорит ученикам:

«Царство Небесное сравнимо со спрятанным в поле сокровищем, которое случилось найти одному человеку. Закопав его снова, пошел он радостный, продал всё, что было у него, и купил то поле. И вот еще с чем сравнимо Царство Небесное. Один купец, искавший хороший жемчуг, нашел как-то одну особенно ценную жемчужину. Он пошел, продал всё, что было у него, и купил ее. Царство Небесное подобно большой сети: заброшенная в море, она захватила разного рода рыбу. Когда сеть наполнилась, рыбаки вытащили ее на берег и, сев, собрали хорошую рыбу в корзины, а негодную выбросили. Так будет и в конце мира: выйдут ангелы и отберут нечестивых из среды праведных, и бросят их в печь огненную, где будет плач и скрежет зубовный» (Мф. 13:44–50).

Одну за другой Иисус рассказывает своим ученикам три кратких притчи — о сокровище, жемчужине и неводе, — чтобы подчеркнуть, что ради обретения «Царства Небесного» следует пожертвовать всем. Примечательно, что он вновь говорит о последнем суде, используя образ сортировки рыбы, отделения годной в пищу рыбы от негодной — действие, с которым, по крайней мере Пётр, Андрей, Иаков и Иоанн, рыбаки по роду занятий, были хорошо знакомы. Как будто этих трёх притч было недостаточно: Иисус завершает, задавая вопрос: «Всё ли *сказанное Мной* вы поняли?» (Мф. 13:51). Когда его ученики отвечают утвердительно, он подводит итог, говоря, что их мудрости следует возрастать, путём добавления новых понятий к уже известным: «Так вот, <...> всякий книжник, обученный в школе Царства Небесного, подобен хозяину дома, который выносит из *богатого* хранилища своего и новое, и старое» (Мф. 13:52). Возможно, притчи Иисуса — это то «новое», что он извлекает из «сокровищницы» Книги Притчей, представляющей «старое».

Сам Иисус становится воплощением сеятеля знаний, описанного в Притч. 15:7: «Уста мудрых сеют знание, а сердце глупых бесплодно». О восходящем росте, представленном во всех притчах о деревьях и семенах, говорится в наставлении Притч. 15:24: «Путь мудрого *человека* вверх *устремлен*, дабы избегнуть глубин Шеола». Иисус, возможно, следует тому, что Фокс описывает как поступательное развитие литературы мудрости: «выбор, перефразировка и расширение исходного материала для достижения своих собственных целей. Эти приёмы применялись в развитии литературы премудрости с древнейших времён» [Fox 2009: 729].

Например, в своей короткой притче о «жемчужине» — «И вот еще с чем сравнимо Царство Небесное. Один купец, искавший хороший жемчуг, нашёл *как-то* одну особенно ценную жемчужину. Он пошёл, продал всё, что было у него, и купил ее» — Иисус, возможно, опирается на несколько стихов из Книги Притчей:

если будешь искать его [разумения], словно серебра,
стремиться к нему, словно к сокровищу,
то постигнешь, что есть благоговенье пред ГОСПОДОМ,
и обретешь познание Бога (Притч. 2:4–5).
Больше прибыли от мудрости, чем прибыли от серебра,
и дохода от нее гораздо больше, чем от чистого золота.
Ведь мудрость дороже жемчугов,
не сравнится с ней никакая прихоть (Притч. 3:14–15).
Наставление мое серебру предпочтите,
а знание — золоту отборному,
ибо мудрость лучше жемчугов,
не сравнится с ней никакая прихоть (Притч. 8:10–11).
Плод мой прекраснее золота, золота самого чистого,
и дохода от меня гораздо больше, чем от серебра отборного
(Притч. 8:19).
Приобретать мудрость — лучше золота:
и обрести разумение — предпочтительней серебра
(Притч. 16:16).
Уста, *изрекающие* разумное, — дорогой сосуд,
дороже золота и груды жемчугов[4] (Притч. 20:15).

Если Иисус действительно опирается на эти и другие изречения Книги Притчей, в которых говорится о том, что следует жертвовать даже драгоценными камнями, серебром и золотом ради обретения мудрости, то он, по-видимому, либо отождествляет своё новое ви́дение «Царства Божьего» с концепцией «мудрости» из Еврейской Библии, либо расширяет её значение. Тот факт, что в его краткой притче упоминается купец, продающий всё, чтобы

---

4 В английском переводе «рубинов». — *Прим. перев.*

приобрести «одну драгоценную жемчужину», а не «серебро», «чистое золото» или «рубины», позволяет предположить, что он вводит новый драгоценный камень в список сокровищ, которым уподобляется мудрость. Раввин Ф. Штерн, отметив связь между притчей Иисуса и изречением Притч. 2:4–5, о котором было сказано выше, говорит об экзотичности и ценности жемчуга в эпоху Иисуса: «Жемчуг, добывавшийся в дальних морях, был экзотическим и дорогим предметом роскоши. Большинство евреев первого века не имели жемчуга. Поскольку он был недоступен для обычных людей, найти великолепную жемчужину было всё равно что случайно найти зарытый кем-то клад» [Stern 2006: 61]. Действительно, «старое» не должно быть забыто или отвергнуто, но «новое» необходимо признать и принять, потому что Царство Небесное подобно «хозяину дома, который выносит из богатого хранилища своего и новое, и старое».

Иисус, возможно, также опирается на рассуждение Иова о мудрости, чтобы подчеркнуть, что старое (мудрость как жемчуг) теперь сочетается с новым (его царством): «ценнее мудрость, чем жемчуга, / дороже она топазов из Куша, и за лучшее золото ее не купишь» (Иов. 28:18b–19).

Притчи о старой и новой ткани и о старом и новом вине: Лк. 5:36–39

В Евангелии от Луки Иисус более подробно объясняет, что «старая» еврейская литература и его «новые» изречения должны быть творчески объединены для достижения новой, предлагаемой им, мудрости:

> При сем сказал им притчу: никто не приставляет заплаты к ветхой одежде, отодрав от новой одежды; а иначе и новую раздерет, и к старой не подойдет заплата от новой. И никто не вливает молодого вина в мехи ветхие; а иначе молодое вино прорвет мехи, и само вытечет, и мехи пропадут;
> но молодое вино должно вливать в мехи новые; тогда сбережется и то и другое. И никто, пив старое [вино,] не захочет тотчас молодого, ибо говорит: старое лучше (Лк. 5:36–39, Синодальный перевод).

Сам Иисус черпает из старого — Притчей, Псалмов, Пророков и Закона, — добавляя к этому свои новые, сочинённые им притчи: новые как по стилю, так и по содержанию, которое важно для его слушателей. Он также понимает, что многие не захотят «тотчас» принять «новое». Позже, в Евангелии от Луки, Иисус проясняет связь между «старым» и «новым»: «До Иоанна *были* только Закон и пророки, теперь же и Благая Весть о Царстве Божием возвещается, и люди изо всех сил стремятся войти в него» (Лк. 16:16). В конце своей земной жизни он, должно быть, желал и молился о том, чтобы как можно больше людей «стремились войти в него».

Глава четвёртая

Иисус, говорящий слова мудрости, и литература Премудрости

Притчи о мытаре и фарисее: Лк. 18:9–14, о смоковнице в конце лета: Мф 24:32–33 и о добрых и жестоких слугах-управителях: Мф. 24:44–51

В притче о считающем себя праведным человеке, молящемся в храме, и кающемся грешнике Иисус изображает яркую сцену, которая перекликается с изречениями Притч. 20:6, 9: «Многие заверяют ближних в своей преданности, но надежного человека кто отыщет?» и «Кто посмеет сказать: "Помыслы мои непорочны, очистился я от греха своего"?». Эта притча также может отражать изречение Притч. 18:12: «За превозношением идет погибель, а смирение предшествует славе»:

А тем, кто был уверен в своей праведности и свысока глядел на всех остальных, Иисус рассказал такую притчу: «Два человека зашли в Храм помолиться: один — фарисей, а другой — сборщик налогов. Фарисей, встав впереди, молился про себя так: "Боже, благодарю тебя, что я не такой, как остальные люди — грабители, мошенники, прелюбодеи, да и не такой, как этот сборщик налогов: пощусь два раза в неделю, отдаю десятую часть всего, что приобретаю". А сборщик налогов, стоя поодаль, не смел даже глаз поднять к небу и бил себя в грудь, говоря: "Боже, прости мне, грешнику, вину мою!" Говорю вам, что он, а не фарисей, вернулся домой оправданным в глазах Божьих, ибо всякий, возвышающий себя, унижен будет, а принижающий себя — будет возвышен» (Лк. 18:9–14).

Эта притча также отражает мудрость Притч. 3:34 (Синодальный перевод): «Если над кощунниками Он посмеивается, то смиренным дает благодать». Полный горечи, убеждённый в собственной праведности, сын из притчи о блудном сыне, разобранной выше, напоминает этого фарисея, ибо оба они «кощунники». Иисус хочет, чтобы его «Царство Божье» объединило кающихся грешников и уверенных в своей праведности, но святых лишь внешне людей, таких как старший сын в притче о блудном сыне и благочестивый фарисей, который так благодарен за то, что он не похож на «остальных людей», совершающих греховные поступки, таких как «грабители, мошенники, прелюбодеи, да и не такой, как этот сборщик налогов». Фарисей не осознаёт, что его чувство превосходства является неправедным, поскольку его внешние дела соответствуют Закону и, возможно, даже превосходят его: он «постится два раза в неделю... и отдает десятую часть всего», чем владеет. Иисус, говоря как пророк, от имени Бога, хочет, чтобы сама суть естества его верного последователя была подобна Богу в сострадании и справедливости, а также хочет приветствовать в своём Царстве всех, кто искренне молится ему. Подобно старшему сыну, который считает себя лучше своего грешного младшего брата, фарисей также чувствует себя выше грешного, но кающегося мытаря, мысленно отделяя себя от него и считая себя непохожим на него. Похвала Иисуса в адрес раскаявшегося грешника разрушает законническое мышление уверенного в своей праведности человека: «ибо всякий, возвышающий себя, унижен будет, а принижающий себя — будет возвышен». В самом деле, «Если над кощунниками Он посмеивается, то смиренным дает благодать». Эта притча, как и притча о блудном сыне, демонстрирует, как Бог «милостив к смиренным» (Притч. 3:34b). Слова Иисуса о самопревозношении и смирении уже звучали в Лк. 14:11 в заключении притчи о брачном пире. Ис-

кренний, кающийся грешник получает похвалу в Лк. 18:9–
14 и, в том случае если здесь идёт речь об одном и том же персо-
наже, возможно, он будет приглашён хозяином занять более
почётное место, чем то, что он сам выбрал сначала.

Тора и Пророки регулярно читались в Храме и синагогах.
Иисус дополняет их собственной литературой Премудрости —
притчами, идеи для которых он заимствует из *Ктувим* (Писаний),
в особенности из Книги Притчей. Можно сказать, что он по-своему делает то же самое, что делала Премудрость в процитирован-
ном ниже отрывке из Книги Притчей:

> Премудрость на улицах вопиет,
> на площадях громко звучит ее голос,
> на людных перекрестках взывает,
> у ворот городских
> держит речь:
> «Наивные вы люди! Долго ли вы будете тешить себя соб-
> ственной наивностью?
> Долго ли кощунники будут упиваться кощунством,
> а глупые — ненавидеть знание?
> Обернитесь и прислушайтесь к обличениям моим!
> И тогда я изолью на вас дух свой,
> поделюсь с вами словом своим!» (Притч. 1:20–23)
> «И теперь, дети, послушайте меня!
> Благо тем, кто держится моего пути!
> Внимайте наставленью — и вы будете мудры,
> не пренебрегайте им.
> Благо тому, кто меня слушает,
> кто у дверей моих все дни проводит,
> стоит на страже у порога моего.
> Кто обрел меня — обрел жизнь
> и снискал благосклонность ГОСПОДА.
> А кто против меня грешит — себе самому вредит.
> Все ненавидящие меня смерть возлюбили» (Притч. 8:32–36).

Слова Премудрости, кажется, звучат с новой силой в нескольких притчах, которые Иисус рассказывает в 24-й главе Евангелия
от Матфея, указывая, что верующие должны быть бдительными
и ожидать прихода Царства Божьего в его полноте. После описа-

ния множества катастроф и знамений, которые произойдут перед его торжественным возвращением в конце времён, Иисус указывает, что даже дерево может поведать притчу: «Возьмите в пример смоковницу: как только ветвь ее набухает от сока и листья на ней распускаются, вы знаете, что близко лето. Точно так же, когда увидите, что всё сказанное сбывается, знайте: пришествие Сына Человеческого близко, оно уже у дверей» (Мф. 24:32–33). Его последователи должны наблюдать за знамениями, указывающими на наступление Царства Небесного, которое здесь сравнивается со смоковницей в полном цвету, так же как Премудрость заповедует своим ученикам проводить все дни у её дверей и стоять на страже у её порога. Иисус добавляет: «Итак, бодрствуйте, ибо не знаете, в какой день придет Господин ваш!» (Мф. 24:42). Его слушатели не должны занимать самодовольную и гордую позицию «святости», подобно уверенному в своей праведности фарисею из предыдущей притчи (Лк. 18:10–12); напротив, они должны уподобиться кающемуся мытарю, который признаёт себя грешником и просит о милости (Лк. 18:13–14).

Слушатель или читатель предполагает, что, подобно сборщику налогов у Матфея, который, будучи призван Иисусом, встал и последовал за Ним, оставив свою профессию (Мф. 9:9), и подобно Закхею, «старшему сборщику налогов» (Лк. 19:2b), бьющий себя в грудь мытарь из предыдущей притчи проявит своё покаяние добрыми делами. Например, богатый Закхей, приняв в своём доме Иисуса, сказал Ему: «Вот, половину того, что есть у меня, Господи, отдаю я нищим и, если с кого несправедливо что взял, тому возмещу вчетверо» (Лк. 19:8). Иисус одобряет эти плоды искреннего покаяния сборщика налогов: «Ныне пришло спасение дому сему, потому что и этот человек — сын Авраама» (Лк. 19:9). «Грешный» Закхей теперь объединён с «праведными» по своим поступкам фарисеями, потому что он в самой своей сути сожалеет о совершённых грехах и стремится исправить их; он тоже «сын Авраама», подлинный сын, подражающий Аврааму, ветхозаветному образцу веры.

Однако тех, кто покаются, но не приведут свои последующие поступки в соответствие с этим моментом духовного обращения и продолжат творить зло до самого возвращения Иисуса, ждёт возмездие, как описано во впечатляющей, художественной и поучительной сцене:

> Потому и вы будьте готовы, ибо в который час не думаете, приидет Сын Человеческий. Кто же верный и благоразумный раб, которого господин его поставил над слугами своими, чтобы давать им пищу во время? Блажен тот раб, которого господин его, придя, найдет поступающим так; истинно говорю вам, что над всем имением своим поставит его. Если же раб тот, будучи зол, скажет в сердце своем: не скоро придет господин мой, и начнет бить товарищей своих и есть и пить с пьяницами, — то придет господин раба того в день, в который он не ожидает, и в час, в который не думает, и рассечет его, и подвергнет его одной участи с лицемерами; там будет плач и скрежет зубов (Мф. 24:44–51, Синодальный перевод). (Очень близкий отрывок содержится в Лк. 12:42–48.)

Таким образом, грешный верующий будет «рассечен надвое», возможно, подобно невинно обезглавленному Иоанну Крестителю, и его ждёт участь «лицемеров», одним из которых он, по сути, и является из-за того, что он вёл себя жестоко по отношению к «другим рабам». Царство Небесное делает явной истину, восстанавливает справедливость для угнетённых и предлагает вечную жизнь искренне раскаявшимся грешникам, больным и умирающим.

Притча о еще одном брачном пире: Десять дев: Мф. 25:1–13 и о бдительном привратнике: Мк. 13:33–37

В 25-й главе Евангелия от Матфея представлено несколько новых притч, в которых использованы элементы из предыдущих притч, уже рассказанных Иисусом. Например, он возвращается к теме свадебного пира, которая уже возникала ранее, когда он говорил о том, что гости не должны сразу же, по своему желанию, занимать лучшие места. Однако в этот раз акцент смещается с желания иметь более высокое положение в обществе на неготовность к великому моменту прихода жениха, т. е. на глупое, неразумное поведение:

Тогда в Царстве Небесном то же самое произойдет, что случилось с десятью девами, которые вышли со своими светильниками встречать жениха. Пять из них неразумными были, и пять были мудрыми. Неразумные, взяв свои светильники, не захватили с собой масла, а мудрые взяли вместе со светильниками и кувшинчики с маслом. Жених задержался, и девы все задремали, а потом и уснули. Но в полночь раздался крик: «Смотрите, жених! Встречайте [его]!» Все девы пробудились и поправили свои светильники. Неразумные же сказали мудрым: «Дайте нам масла, а то наши светильники гаснут». Но мудрые ответили: «У нас не хватит масла и для себя, и для вас. Лучше сходите к тем, кто его продает, и купите себе». Пока же они ходили за маслом, пришел жених, и те, кто был готов, пошли с ним на брачный пир, и дверь за ними закрыли. Приходят потом остальные девы и просят: «Господин! Господин! Открой нам!» «Одно могу сказать вам, — ответил он, — не знаю я вас». Итак, бодрствуйте, ибо не знаете вы ни дня назначенного, ни часа пришествия (Мф. 25:1–13).

В отличие от того, что происходит в Притче о милосердном самаритянине, здесь пять дев, которым нужна помощь, в ответ на свою просьбу получают отказ. Пять дев, у которых есть запас масла, отказываются поделиться им с пятью девами, которые не сделали необходимых приготовлений. Мораль этой притчи заключается не в том, чтобы восхищаться явно эгоистичным поведением мудрых и предусмотрительных женщин, а в том, чтобы осознать, что неразумные девы не пустили глубоких корней и не построили свои дома на скале; они проявляют лишь внешнюю готовность, не подготовив необходимый запас на случай неожиданных обстоятельств, таких как промедление жениха. Пока они выходят, чтобы отыскать то, что им нужно, приходит жених, и затем он отвечает им, что «не знает их». Они упустили возможность как следует подготовиться к его славному пришествию и к великому пиру, происходящему за дверью, которая теперь для них закрыта. Иисус требует от своих истинных последователей мудрости, терпения и упорства. Есть время для того, чтобы пустить глубокие корни и построить дом на прочном основании, — и это не момент его второго пришествия. Неразумные девы находятся в бдительном ожидании, как того требует Премудрость, но они легкомысленны и не готовы к его приходу. На своём пиру Иисус хочет видеть тех, кто готов на большее, чем поверхностная вера. В Евангелии от Марка Иисус снова подчёркивает огромную важность бдительного ожидания:

> Смотрите, не спите, ибо не знаете, когда наступит это время. Это — как с человеком, который, отправляясь в путь, оставил дом свой на слуг своих, каждому дал дело и привратнику велел бодрствовать. Так и вы бодрствуйте! Ибо не знаете, когда придет хозяин дома: вечером или в полночь, когда поют петухи или на рассвете. Как бы он, придя внезапно, не застал вас спящими. То, что вам говорю, говорю и всем: бодрствуйте! (Мк. 13:33–37)

Вторая притча о закрытой двери: Лк. 13:25–30

В этой притче Иисус снова указывает, что дверь, которой можно прийти к нему, не всегда останется открытой:

> Однажды хозяин дома встанет и закроет дверь, и вы можете остаться снаружи. И будете стучать в дверь и говорить: «Господи, открой нам!» А Он в ответ скажет вам: «Я вас не знаю, откуда вы?» Тогда вы станете убеждать Его: «Мы ели и пили с Тобой, и Ты учил на улицах наших». Но Он снова скажет вам: «Не знаю [вас], откуда вы. Уйдите от Меня все, творящие зло!» Плач будет там и скрежет зубовный, когда увидите вы Авраама, Исаака, Иакова и всех пророков в Царстве Божием, а сами окажетесь изгнанными прочь... И действительно, некоторые, сегодня последние, станут первыми, а первые — последними (Лк. 13:25–30).

Упоминание трёх патриархов Ветхого Завета — Авраама, Исаака и Иакова — в «Царстве Божьем» одновременно с «вами», его слушателями, стирает любое ощущение разрыва между загробной жизнью и настоящим. То, что их разделяет, — это «дверь», которая закрылась для тех, кто не знает Господа. Эти люди думают, что они действительно знают его: «Мы ели и пили с Тобой, и Ты учил на улицах наших». Однако знакомство с ним или слушание его учений — это не то же самое, что глубокий личный контакт с ним, как об этом сказано устами Премудрости: «И тогда я изолью на вас дух свой, поделюсь с вами словом своим!» (Притч. 1:23). Суждение о том, кто знает Бога, является совместным: и слушатель, и Господь участвуют в этом процессе, но власть открыть или закрыть дверь принадлежит Господу.

Притча о богаче и Лазаре: Лк. 16:19–31

Иисус рассказывает историю о загробной участи двух людей: неназванного богача и Лазаря, чьё имя (Елеазар) означает «Бог помогает мне» [Stern 2006: 230]:

> Жил некогда один богатый человек, носил он дорогие одежды и каждый день устраивал роскошный пир. А у ворот его лежал нищий по имени Лазарь, весь покрытый струпьями. Он был рад утолить свой голод хотя бы тем, что падало со стола богача. Собаки приходили и лизали его струпья. Когда нищий умер, ангелы унесли его к Аврааму. Умер и богач, и был похоронен. Мучаясь в аду, он поднял глаза и увидел вдали Авраама и Лазаря рядом с ним, и громко закричал: «Отец Авраам, смилуйся надо мной! Пошли Лазаря, чтобы он омочил кончик пальца в воде и язык мне прохладил, потому что я ужасно страдаю в этом пламени!» Но Авраам сказал: «Сын мой, вспомни, что в жизни твоей хорошего вдоволь было у тебя, а у Лазаря — злого. Теперь же он здесь утешается, а ты мучаешься. К тому же между нами и вами пролегает огромная пропасть. Отсюда никто к вам перейти не может, даже если бы и захотел, и от вас к нам — тоже». И богач сказал: «Тогда прошу тебя, отец, пошли его в дом отца моего, ибо у меня пятеро братьев, пусть он их предупредит, чтобы и они не попали в это место мучения». Но Авраам ответил: «У них есть Моисей и пророки, пусть их слушают». Он же сказал: «Нет, отец Авраам,

но если кто из мертвых придет к ним, тогда они покаются». Но Авраам сказал ему: «Если Моисея и пророков не слушают, то и воскресший из мертвых их не убедит» (Лк. 16:19–31).

Отличие этой притчи от притч, проанализированных нами ранее, заключается в том, что повествование в этой искусной и трогательной истории ведётся посредством сочинённого Иисусом диалога между праотцом Авраамом и умершим богачом. Лазарь, немощный, бедный человек, молчит: он претерпел ужасные страдания в своей земной жизни, но теперь, в загробной жизни, он получил спокойствие, утешение, а также одобрение праотца Авраама. Иисус осмеливается дать нам некоторое представление об этом мире; более того, эта притча, кажется, подкрепляет предупреждение, данное в заключении притчи о закрытой двери: «Плач будет там и скрежет зубовный, когда увидите вы Авраама, Исаака, Иакова и всех пророков в Царстве Божием, а сами окажетесь изгнанными прочь... И действительно, некоторые, сегодня последние, станут первыми, а первые — последними» (Лк. 13:28, 30). Всю вечность богач, а также его пять братьев, если только с ними не произойдёт радикальной перемены сердца, будут подвергаться мучениям, в то время как пренебрегаемый Лазарь будет наслаждаться милосердием праотца Авраама и Бога. У пятерых братьев, действительно, есть возможность слушать «Моисея [Закон] и пророков» каждую неделю в синагоге, но Иисус через свою притчу предлагает им ещё одно наставление мудрости: пророческое предупреждение об их участи, если они не изменят свой образ жизни и не проявят сострадание к обездоленным, подобным Лазарю.

Две притчи о талантах: Мф. 25:14–30, Лк. 19:12–27, диалог с хозяином: Лк. 7:41–43 и притча о немилосердном слуге: Мф. 18:23–35

В 25 главе Евангелия от Матфея притча о десяти девах, ожидающих жениха, сразу же следует за притчей о талантах; на этот раз речь не идёт о том, как верующий продаёт всё, что у него есть, чтобы обрести Царство Небесное; это его Господин даёт ему таланты, которые прежде возвращения хозяина должны быть пущены в оборот ради получения прибыли:

> В Царстве Небесном всё так же будет, как у человека, который, уезжая из дома, созвал своих слуг и поручил им распорядиться его достоянием. Одному дал он пять талантов, другому — два, и третьему — только один, каждому в соответствии с их способностями, сам же уехал. Тот, что получил пять талантов, тотчас пустил их в оборот и нажил еще пять. Получивший два таланта таким же образом нажил еще два. А тот, который получил один талант, пошел, выкопал в земле яму и спрятал в ней деньги своего господина. Прошло немало времени, вернулся господин тех слуг и потребовал у них отчета. Получивший пять талантов пришел и принес с собой еще пять. «Господин, — сказал он, — ты дал мне пять талантов, вот еще пять, которые я нажил». «Хорошо, добрый и верный слуга, — сказал ему господин Его, — ты был верен в малом, и я многое доверю тебе. Приди на пир мой и раздели радость господина твоего». Подошел и получивший два таланта. «Господин, — сказал он, — ты дал мне два таланта, вот еще два таланта, которые нажил я». «Хорошо, добрый и верный слуга, — сказал ему господин его, — ты был верен в малом — многое доверю тебе. Приди на пир мой и раздели радость господина твоего». Подошел и тот, что один получил талант. «Господин, — сказал он, — я знал, что ты человек жестокий: жнешь ты там, где не сеял, и там собираешь, где не рассыпал. В страхе пошел я и зарыл твои деньги в землю. Вот они, возьми свое!» И сказал ему господин его: «Нечестивый и ленивый слуга! Так ты знал, что я жну там, где не сеял, и собираю там, где не рассыпал? В таком случае, следовало тебе отдать мои деньги в рост, чтобы, вернувшись, получил я свое с прибылью. Возьмите же у него и этот талант и отдайте его тому, у кого десять талантов. Ибо, у кого есть, тому и еще будет дано, и дано в изобилии. У того же, у кого нет, будет взято и то, что есть у него. А негодного этого слугу возьмите и выбросите вон, во тьму: там будет плач и скрежет зубовный» (Мф. 25:14–30).

Эта более поздняя притча, как и притча о десяти девах, обращена к тем, кто уже давно пришёл к вере, а не к тем, кто только что услышал о Царствии Божьем. Эта притча вновь требует от верующего гораздо больше, чем просто быть бдительным и ждать, как об этом говорит Премудрость; она указывает верующим, как следует жить. Они должны ценить таланты, данные им Господом, и рисковать, вкладывая их в новые области, которых ранее не касался Господь, чтобы вернуть ему не только то, что было дано изначально, но и таланты, полученные в результате вложений. Тот, кто со страхом прячет свой талант и возвращает только то, что получил, подвергается строгому осуждению.

Слуга, получивший пять талантов и рискнувший больше всех, получает единственный талант, возвращённый господину боязливым слугой, который в итоге «выброшен вон, во тьму», туда, где «будет плач и скрежет зубовный», — возможно, место, подобное тому, в котором навеки оказался богач из притчи о богаче и Лазаре. «Ибо, у кого есть, тому и еще будет дано, и дано в изобилии. У того же, у кого нет, будет взято и то, что есть у него» (Лк. 8:18). Кроме того, Иисус утверждает: «Кому много дано, с того много взыщут, и кому много вверено, с того больше и спросят» (Лк. 12:48b). Царство Божие не статично, как был бы заморожен талант, спрятанный в земле. Оно либо движется вперёд — приобретая больше талантов, либо назад — теряя имевшийся изначально дар. Верующие, которые думают, что могут остановить это движение, уже находятся «вон, во тьме».

Чтобы никто не подумал, что Иисус призывает к достижению успеха на Уолл-стрит, в заключении 25-й главы Евангелия от Матфея, сразу после притч о десяти девах и о талантах, он поясняет, что масло и таланты представляют запасы милосердной любви и вложения в неё. Действительно, Притч. 1:19 предостерегает: «Таков удел всякого, кто алчен до наживы: жизнью расплатится тот, кто завладел чужим», так что Иисус не может говорить о финансовой выгоде. Скорее, он признаёт, что верующий выгорает, если у него нет запаса зрелой любви. Если он не готов рискнуть и полюбить изгоев и тех, кого никто не любит, — подобных бедному, покрытому язвами Лазарю, лежащему при воротах богача, — то верующий прячет дар любви, данный ему, когда он последовал за Христом. На этот раз картина полноты

Царства Божия показывает нам наследников Божиих — тех, кто получил его дары за то, что проявил сострадание к нему, когда он был в своём скрытом облике:

> «Придите все, кого благословил Отец Мой! Владейте Царством, приготовленным для вас от сотворения мира. Ибо Я был голоден — и вы дали Мне есть, жаждал — и вы дали Мне пить, пришельцем был — и вы приютили Меня, был наг — и вы одели Меня, болен был — и вы посетили Меня, в тюрьме был — и вы навестили Меня». Когда праведные спросят Его: «Господи! Когда мы видели Тебя голодным и накормили? Когда жаждавшего Тебя напоили мы? Когда мы видели Тебя пришельцем и приютили или нагого одели Тебя? Когда мы навещали Тебя больного или в тюрьме посетили Тебя?» И ответит им Царь: «Скажу Я вам, сделав это одному из братьев Моих меньших, вы сделали это Мне» (Мф. 25:34b–40).

Второй вариант притчи о талантах содержится в Евангелии от Луки, где подчёркивается, что даже если Царь в данный момент отсутствует, он всё же ожидает, чтобы все в его царстве относились к другим так, как они отнеслись бы к нему самому: с уважением, с состраданием и исполняя конкретные дела:

> Один человек знатного рода отправился в далекую страну, чтобы принять престол царский и затем возвратиться. Но прежде он позвал к себе десять своих слуг, дал каждому по одной мине и распорядился: «Пустите их в дело, пока я не вернусь». Но граждане его страны ненавидели его и отправили вслед за ним посольство, чтобы заявить: «Мы не хотим, чтобы этот человек стал нашим царем!» Однако, когда он возвратился, получив престол царский, то велел позвать к себе тех слуг, которым дал серебро, чтобы узнать о прибыли каждого из них с доверенных им денег. Пришел первый слуга и сказал: «Господин, твоя мина принесла десять мин прибыли». И тот сказал ему: «Хорошо, добрый слуга! За то, что ты в малом оказался верен, поставлю тебя управляющим над десятью городами!» Пришел и второй и сказал: «Мина твоя, господин, принесла прибыли пять мин». И сказано

было ему: «Тебе — пять городов в управление». Затем другой слуга пришел и сказал: «Вот, господин, мина твоя. Я хранил ее завернутой в платке, ибо боялся тебя, потому что ты человек суровый: берешь то, чего не клал, и жнешь то, чего не сеял». Тогда он ответил ему: «По твоим же словам буду судить тебя, злой человек! Ты знал, что я человек суровый: беру то, чего не клал, и жну то, чего не сеял. Почему же ты не пустил мои деньги в оборот? Возвратившись, я бы получил их назад с прибылью!» И он сказал своим приближенным: «Возьмите у него мину и отдайте тому, у которого десять». А они сказали ему: «Господин, у того уже есть десять мин». «Говорю вам, — сказал он, — что каждому, у кого что-то есть, еще дано будет, а у того, у которого нет, будет взято и то, что есть у него. А врагов моих, не пожелавших, чтобы я был их царем, приведите сюда и при мне убейте» (Лк. 19:12b–27).

Здесь успешные «инвесторы в любовь» получают в своё управление города, поскольку они продемонстрировали понимание того, как должно функционировать Царство Божие. Слуга, который ничего не сделал с даром, полученным от человека знатного рода, подобно слуге из притчи Евангелия от Матфея, подвергается суровому осуждению. Он теряет свой дар, который передаётся тому, кто на деле доказал, что он мудрый инвестор. Слушатели и читатели притчи из Евангелия от Луки вновь получают напоминание о том, что Царство Божие не является статичным состоянием: либо человек движется вперёд с любовью, либо отступает в нелюбви, избегая других или проявляя равнодушие к их нуждам.

Однако, в отличие от притчи о талантах из Евангелия от Матфея, в версии Евангелия от Луки показано негодование знатного человека по отношению к тем, кто попытался свергнуть его власть: его враги будут казнены у него на глазах. Иисус утверждает свою власть и требует повиновения, приближаясь к Иерусалиму, к Пасхальной вечере с учениками и затем к своему распятию.

Стилистически истории, которые рассказывает Иисус, напоминают изобилующие повторами притчевые изречения. Когда он описывает судьбу тех, кто не дал ему еды и питья, не принял его, не одел и не посетил, когда он был болен или в темнице, он использует почти те же слова, но в негативном ключе: их ждёт «вечный огонь, приготовленный дьяволу и ангелам его» (Мф. 25:41). Сострадание ведёт «праведных» в «вечную жизнь» (Мф. 25:46б). По сути, это масло, необходимое сейчас и приготовленное про запас, пять талантов, которые становятся ещё пятью талантами, и мины, которые приумножаются. После того как этот дар был дан, он приносит плоды любви, как показано в сочинённой Иисусом притче-диалоге, рассказанной принимавшему его в гостях Симону:

> «Два человека взяли деньги в долг у одного ростовщика: один был должен ему пятьсот денариев, а другой — пятьдесят. Так как им нечем было заплатить, он простил им обоим. Так кто же из них будет более благодарен тому ростовщику?» Симон ответил: «Скорее всего, тот, кому он больше простил». «Ты прав», — сказал ему Иисус (Лк. 7:41–43).

Оказанное заимодавцем должнику сострадание, проявленное в прощении долга, приводит к ещё большему состраданию со стороны должника, вероятно, вытекающему из его чувства благодарности.

Иисус уже ранее рассказывал притчу, в которой были показаны последствия неблагодарности человека, которого простили из сострадания:

> Царство Небесное вот с чем поэтому можно сравнить. Некий царь пожелал потребовать от слуг своих отчёта. Когда занялся он этим, привели к нему того, кто должен был ему десять тысяч талантов. И так как у слуги этого не было чем заплатить, то господин приказал для уплаты долга продать и самого слугу, и жену его, и детей, и всё, что у него было. Слуга же упал пред ним ниц и просил: «Потерпи меня! Я всё, что должен, отдам тебе!» И господин над слугою тем сжалился, отпустил его и простил ему долг. Как только вышел слуга, он нашёл одного из служивших вместе с ним. Тот должен был ему сто денариев. Слуга схватил его за горло и стал душить, говоря: «Отдавай то, что должен». А тот, пав ниц, стал просить его: «Потерпи меня, я всё, что должен,

отдам тебе!» Но слуга не согласился, а пошел и бросил его в тюрьму до тех пор, пока тот не отдаст ему долг. Другие слуги, увидев всё это, сильно огорчились и пошли к своему господину доложить обо всем происшедшем. Тогда господин призвал помилованного слугу и сказал: «Бесстыдный раб! Весь твой долг простил я тебе, когда просил ты меня. Не должен ли был и ты сжалиться над твоим сотоварищем, как сжалился я над тобой?» И, разгневавшись, господин отдал его на мучение, пока тот не вернет все, что должен. Точно так же с вами поступит Отец Мой Небесный, если каждый из вас от всего сердца не простит брата своего (Мф. 18:23–35).

Милостивое, искреннее («от всего сердца») прощение, которое возникает из благодарности за то, что ты был прощён, должно распространяться вширь, становясь причиной того, что всё больше и больше людей получают прощение и становятся благодарными. Такой эффект цепной реакции имеет потенциал остановить порочный круг мести, начинающийся, когда виновные причиняют вред невиновным, а прощённые должники жестоки к тем, кто должен им. Сам Иисус проявил такое невероятное прощение во время своего распятия: «Прости им, Отец, — не понимают они, что творят» (Лк. 23:34b). После его смерти никто из его последователей не стремился отомстить за него, угрожая Понтию Пилату или еврейским лидерам, требовавшим от римлян его казни.

Иисус как Новозаветная Премудрость

Иногда слова Иисуса напоминают речь Премудрости из Книги Притчей. Например, в Притч. 4:20–22 говорится: «Сын мой! К словам моим будь внимателен, к речам моим слух приклони. / Пусть не ускользнут они от взора твоего, сохрани их в сердце своем. / Ведь они — жизнь для того, кто их обретет, исцеление для всего тела». В Ин. 6:63 Иисус утверждает: «Дух животворит, плоть тут ни при чем; Слова, которые сказал Я вам, — дух и жизнь».

В восьмой главе Книги Притчей Премудрость предстаёт в образе деятельной женщины, имеющей что сказать людям. Фокс объясняет, что это связано с тем, что в еврейском языке слова, обозначающие мудрость, женского рода: «Премудрость изображена в образе женщины. Это, вероятно, было неизбежным, учитывая женский род самых важных понятий, связанных с мудростью: *hokmah*, *tᵉbunah* и *binah*» [Fox 2010: 338]. Он также отмечает, что «Фигура Премудрости не имеет царственных коннотаций... её влияние основано на словах, она действует убеждением и обращением к чувствам, не прибегая к формальной власти» [Ibid.: 340]. В Новом Завете Иисус становится воплощённой Премудростью — как молодой человек, который проповедует, учит, исцеляет недуги духовные и физические, — также не прибегая к своему царскому авторитету. Макфэг предполагает, что вся его жизнь стала развёрнутой притчей: «Иисус как притча Бога» [McFague 1975: 3]. Если это так, то он открывает многое, из того, что можно утверждать о Боге: его праведность, справедливость, сострадание и его творческое начало, а также многое, что остаётся тайной: глубокие истины, что стоят за образами притч. Ни Моисей, ни Илия не смели посмотреть в лицо Богу, но во время последней пасхальной вечери, устроенной Иисусом для своих учеников, его любимый ученик Иоанн посмотрел в это лицо и спросил, кто предаст Иисуса (Ин. 13:25). Таким образом, некоторая часть славы Бога была сокрыта в Иисусе, чтобы этот Богочеловек — совершенный Бог и совершенный человек, согласно ортодоксальному христианскому учению, — мог ходить среди людей, не уничтожая их в полноте славы своего присутствия.

Если бы Иисус воплотился в женском теле, по образу Премудрости из восьмой и девятой глав Книги Притчей, то он не смог бы действовать так, как он действовал, в обстоятельствах своего времени. Действительно, Фокс отмечает, что «Госпожу Премудрость нельзя себе представить подчинённой тем ограничениям, которые испытывали израильские женщины» [Fox 2010: 341]; её поведение совершенно исключительно: она выходит на рыночные площади и приглашает всех на свои пиры, что было невозможно для реальных женщин в древнем Израиле. Ограничения, существовавшие для женщин в обществе Иисуса, не позволили бы ему появиться среди людей в роли мудрой женщины, так как это ограничило бы его свободу передвижений. Он не смог бы постоянно быть окружённым двенадцатью мужчинами-учениками, которые отчаянно нуждались в научении; также он не смог бы быть раздетым, избитым и распятым Понтием Пилатом и римскими солдатами. Сокрытость полной славы Бога в Иисусе, возможно, параллельна сокрытости мудрости в его притчах. Только по-настоящему мудрые распознают, кто он такой и что за мудрость он изрекает. Другие будут гневаться из-за того, кем, по их мнению, он притворяется, и оскорбляться «обличениями» его притч (Притч. 9:8); этот гнев превратится в убийственную ненависть, которая приведёт к совершённой римлянами казни.

В Притч. 25:1 говорится о великой мудрости Соломона: «Вот еще притчи Соломона, записанные слугами Езекии, царя Иудеи». Иисус же утверждает, что «здесь Тот, Кто больше, чем Соломон» (Мф. 12:42; Лк. 11:31b). Такое заявление о себе могло бы показаться высокомерным, если бы он действительно не был мудрее Соломона, которому приписывают авторство Притчей, поскольку он умолял Бога даровать ему мудрость, а не долгую жизнь или богатство: «ГОСПОДИ, Боже мой! Ныне Ты сделал слугу Своего царем вместо отца моего Давида, а я еще молод и не знаю, как мне поступать!.. Дай же слуге Твоему разума, чтобы править народом Твоим и отличать доброе от худого» (3 Цар. 3:7, 9a). Бог был чрезвычайно доволен просьбой Соломона: «За то, что твоя просьба именно такова: не просил ты себе долголетия, не просил богатства, не просил смерти своих врагов, а попросил разума, чтобы править, — за это Я выполню желание твое. Я дарую тебе сердце мудрое и разумное» (3 Цар. 3:11–12a). Несмотря на то что Иисус заявляет, что он больше Соломона, по-видимому, он без колебаний использует написанное Соломоном в качестве основы для своих притч.

Притча о пире: Лк. 14:16b–24

Например, в девятой главе Книги Притчей персонифицированная Премудрость готовит роскошный пир и приглашает на него тех, кто ищет более глубокого разумения:

> Построила себе Премудрость дом,
> вытесала семь столбов его,
> заколола животных,
> приправила вино,
> приготовила трапезу.
> И служанок своих отправила звать,
> и сама звала с городских высот:
> «Кто неопытен, идите сюда!
> И кто неразумен, тому скажу:
> "Приходите, хлеб мой ешьте,
> пейте вино, мною приправленное.
> Оставьте свою наивность —
> и будете живы.
> Ступайте по пути разума"» (Притч. 9:1–6).

Иисус также рассказывает притчу о щедром хозяине, который приглашает многих прийти на приготовленный им обильный пир:

> Один человек устраивал большой пир и пригласил много людей. И, когда пришло время, он послал слугу своего, чтобы тот сказал приглашенным: «Приходите, ведь всё уже готово!» И тут все как один стали извиняться. Первый сказал ему: «Я купил землю и должен обязательно пойти и посмотреть ее. Прошу тебя, извини меня». Другой сказал: «Я купил пять пар волов и иду испытать их в работе. Прошу тебя, извини меня». А третий сказал: «Я женился и поэтому не могу прийти». И слуга, возвратившись домой, рассказал об этом своему господину. Тогда хозяин дома разгневался и приказал слуге своему: «Пройди скорее по улицам и переулкам города и приведи сюда нищих, увечных, слепых и хромых». Выполнив поручение, слуга сказал: «Господин, сделано то, что ты приказал, и еще есть место». «Выйди из города и пройди по проселочным дорогам и вдоль изгородей, — ответил его господин, — и убеди людей прийти. Пусть дом мой гостями наполнится. Ибо, говорю вам, никто из тех приглашенных не будет на моем пиру!» (Лк. 14:16b–24)

Здесь Иисус распространяет поэтический рассказ из девятой главы Книги Притчей, выходя за рамки подготовки трапезы и настойчивого приглашения гостей. Он показывает, что приглашённые слишком заняты и поглощены своими делами: осмотром недавно купленной земли, испытанием недавно приобретённых волов и наслаждением обществом жены, — чтобы принять приглашение на пир. Разгневанный хозяин зовёт всех, кого его слуги могут найти, вероятно, незнакомцев с «улиц и переулков», а также «нищих, увечных, слепых и хромых», которые могли быть нежеланными в обществе и которые, вероятно, не были заняты в работе, земледелии или ведении домашнего хозяйства. Хозяин отказывается позволить полученным им отказам испортить его праздник. Люди, отвергнутые обществом и нуждающиеся, будут наслаждаться пиром и, несомненно, будут благодарить его за гостеприимство. Действительно, те, кто со вниманием ожидает его и принимает приглашение Господа, испытают, как он сам будет служить им: «Блаженны слуги те, которых господин, вернувшись, бодрствующими найдет. Заверяю вас, сам он, одежды свои подоткнув, позовет слуг к столу, подойдет и станет им служить» (Лк. 12:37).

Если эта притча действительно основана на поэтическом рассказе из девятой главы Книги Притчей, то она показывает, что Иисус хорошо понимает, насколько его собственное приглашение на пир мудрости, на котором он будет присутствовать, нежеланно для тех, кто занят своими делами и доволен своей профессиональной и семейной жизнью, и как его послание может быть принято теми, кто находится на обочине жизни, и теми, кто в чём-либо неполноценен, и кого он, между прочим, имел власть исцелить, как это было с прозревшим слепцом из девятой главы Евангелия от Иоанна.

Притча о послушном и непослушном сыновьях: Мф. 21:28–32

Желание Иисуса возвестить «Царство Божье» и побудить своих слушателей войти в него становится почти отчаянным после его последнего входа в Иерусалим перед распятием. Опрокинув столы менял (Мф. 21:12–13) и исцелив многих слепых и хромых (Мф. 21:14), он в храме рассказывает «первосвященникам и старейшинам» (Мф. 21:23) несколько напряжённых притч, начиная со следующей:

> «У одного человека было два сына, и он, подойдя к первому, сказал: "Сын мой, ступай, поработай сегодня в винограднике". Тот ответил: "Не хочу", но потом раскаялся и всё же пошел. Отец подошел к другому сыну и сказал ему то же самое. Сын ответил: "Иду, мой отец", а сам не пошел. Кто из них выполнил волю отца?» «Первый», — ответили слушавшие. «Верно, что сборщики налогов и блудницы, — сказал им Иисус, — идут впереди вас в Царство Божие. Ибо Иоанн пришел показать вам путь к праведности, и вы не поверили ему, а сборщики налогов и блудницы поверили. Вы же и после того, как увидели это, не захотели изменить свое мнение и поверить ему» (Мф. 21:28–32).

Итак, Иисус начинает своё последнее обращение к этим образованным лидерам еврейского народа, ссылаясь не на себя, а на Иоанна Крестителя, которого многие уважали и которому повиновались. Он возвращается к мотиву отца и двух сыновей: первый сын, который сначала отказывается повиноваться отцу, позже раскаивается и идёт работать, в то время как второй сын, пообещав работать, так и не выполняет своего слова. Иисус, кажется, говорит элите еврейского народа, что у них ещё есть время подчиниться словам Иоанна и его, даже если прежде они их отвергли.

Ещё одна притча о винограднике: Мф. 21:33–41

Напомнив своим слушателям о трагической судьбе Иоанна Крестителя, Иисус тут же предлагает им вторую притчу:

> «Послушайте другую притчу. Жил один человек, у которого было имение, он насадил виноградник, обнес оградой его, вырыл в нем для давильни яму, построил сторожевую башню и, отдав его внаем виноградарям, уехал. Когда подошло время для сбора винограда, он послал своих слуг к виноградарям взять причитающуюся ему долю урожая.

> Но виноградари схватили слуг его: одного избили, другого
> убили, а третьего побили камнями. Послал он других слуг,
> и притом больше, чем прежде, но и с ними обошлись так
> же. Наконец, послал он к ним сына своего, думая: "К сыну
> моему они отнесутся с уважением". Но виноградари, увидев
> сына, сказали друг другу: "Это наследник. Давайте убьем
> его и завладеем его наследством!" Они схватили его, выво-
> локли из виноградника и убили. Итак, когда придет хозяин
> виноградника, что сделает он тем виноградарям?» «Распра-
> вится со злодеями, предав их злой смерти, — ответили
> они, — а виноградник передаст другим виноградарям, ко-
> торые будут отдавать ему плоды в положенный срок»
> (Мф. 21:33–41). (Эта притча напоминает притчу, рассказан-
> ную в Мк. 12:1–9.)

В этой притче, в отличие от предыдущих, рассказанных толпе
народа или в узком кругу учеников, Иисус требует от своих
слушателей прямого ответа. Они дают правильный ответ и про-
износят такие слова: «он расправится со злодеями, предав их злой
смерти», и отдаст виноградник честным и уважающим его людям,
которые не будут убивать тех, кто придёт за принадлежащими
им по праву плодами виноградника. Таким образом, Иисус
умело добивается того, чтобы эти первосвященники и старейшины одновременно показали, что они правильно поняли притчу,
а также признали свою вину.

Притча о краеугольном камне: Мф. 21:42–44

Как будто двух притч было недостаточно для раскрытия его
мысли, и Иисус сразу рассказывает третью:

> Тогда Иисус сказал им: «Разве никогда не читали вы в Пи-
> саниях: "Камень, что отвергли строители, краеугольным
> стал камнем; Господом сделано это, и чудом кажется нам?"
> [Пс. 117:22–23] Потому говорю вам: Царство Божие отнято
> будет у вас и передано народу, который приносит ожидае-
> мые плоды. [Каждый, кто упадет на этот камень, разобьет-
> ся, а на кого он упадет, того обратит во прах]» (Мф. 21:42–44).

Иисус теперь настойчиво обращается к тем, кого хочет видеть своими последователями, но то, что он продолжает рассказывать всё более жёсткие притчи, говорит о том, что они не принимают его мудрости.

Притча о мстительных гостях свадебного пира и хозяине: Мф. 22:2–14

Вскоре после этой встречи с лидерами еврейского народа Иисус снова обрушивается на них своими притчами. На этот раз он говорит не о винограднике — образ, который он использовал ранее, наставляя народ и своих учеников, — а вновь обращается к образу пира, на который отказываются прийти гости. Иисус предпринимает последнюю попытку пригласить этих учёных мужей в своё царство:

Представление о Царстве Небесном может дать то, что произошло с одним царем, который устроил для сына своего свадебный пир. Он послал своих слуг собрать гостей, званных на пир, но те не захотели прийти. Послал он других слуг, наказав им: «Скажите званым: вот, я приготовил обед мой. Быки мои и откормленный скот заколоты, всё готово. Приходите на свадебный пир!» Но те опять оставили его слова без внимания. Иные из них разошлись: кто на поле свое, кто по торговым делам; оставшиеся же схватили слуг его и, надругавшись, убили их. Разгневанный царь послал войска свои, приказав истребить тех убийц, а город их сжечь. А слугам своим потом сказал: «Свадебный пир готов, но гости, мной приглашенные, оказались его недостойны. Ступайте же на распутья и, кого найдете, зовите на свадебный пир». Слуги пошли по дорогам и собрали всех, кого нашли: и злых и добрых. Зал наполнился наконец гостями. Но когда царь вошел посмотреть на собравшихся, он увидел там человека, одетого не в свадебную одежду, и спросил его: «Друг! Как случилось, что ты вошел сюда не в свадебной одежде?» Тот молчал. Тогда царь велел слугам: «Свяжите ему руки и ноги и выбросите его вон, во тьму: там будет плач и скрежет зубовный». Ибо много званых, но мало избранных (Мф. 22:2–14).

Иисус дополняет притчу о пире, которую мы рассматривали выше (Лк. 14:16b–24), добавляя подробности: некоторые из приглашённых гостей убивают посланцев царя; сам хозяин свадебного пира уничтожает убийц и их город; среди «злых и добрых», собранных слугами, человек, не имеющий подобающей случаю одежды, выброшен «вон, во тьму». Теперь он использует притчи как словесное оружие, и теперь в них гораздо больше жестокости, чем прежде.

Многократное использование Иисусом образов женихов и свадеб, возможно, связано с особым вниманием, которое пророк Осия уделяет закреплённой Заветом любви между Израилем, невестой Бога, и самим Богом как женихом, что мы уже отмечали ранее. В Евангелии от Иоанна первое чудо или «знамение» Иисуса — превращение воды в вино на свадьбе в Кане Галилейской (Ин. 2:1–11). После начала служения в Иерусалиме некоторые евреи слышат, как Иоанн Креститель, уже ставший известным проповедником, утверждает, что Иисус — это жених; «а друг жениха, рядом стоящий и слушающий его, радуется и с ликованием внимает голосу жениха» (Ин. 3:29). Иисус повторяет использованную Иоанном Крестителем аллегорию бракосочетания, когда некие книжники и фарисеи жалуются, что ученики Иоанна постятся, а его ученики едят вместе «со сборщиками налогов и грешниками» (Лк. 5:30b). Иисус объясняет им: «Разве вы можете заставить гостей на брачном пире поститься, пока Жених с ними? Но настанут дни, когда отнимут у них Жениха, вот тогда они и будут поститься» (Лк 5:34b–35).

Иисус, кажется, почти отчаянно пытается достучаться до этих лидеров еврейского народа, но, к сожалению, по большей части терпит поражение, потому что «Фарисеи ушли и сговорились о том, как им поймать Иисуса на слове» (Мф. 22:15). Они начинают свою собственную словесную битву, сперва спрашивая, «позволительно платить налог кесарю или нет?» (Мф. 22:17b), а затем требуя ответить, кто на Небесах будет мужем женщины, бывшей женой семи братьев (Мф. 22:24–28). Таким образом, они используют заданный Иисусом мотив бракосочетания и доводят его до абсурда, задавая вопрос о семи братьях-женихах одной женщины, каждый из которых умирает один за другим.

Наконец, они задают ему ключевой вопрос: «Учитель! Какая заповедь в Законе самая главная?» (Мф. 22:36), и Иисус даёт им неоспоримый и верный ответ: «"Люби Господа, Бога своего, всем сердцем своим, всей душою своею и всем разумом своим" — вот первая и самая главная заповедь. Вторая подобна ей: "Люби ближнего своего, как самого себя". Весь Закон и пророки на этих двух заповедях стоят» (Мф. 22:37–40). Затем Иисус задаёт им вопрос, на который они не могут ответить: «Если Давид называет Его Господом, как же Он сын ему?» (Мф. 22:45). Лидеры народа хранят молчание, в конце концов замышляя убить его физически, так как им не удалось дискредитировать его при помощи слов. В это время Иисус снова обращается к народу и ученикам, произнося многочисленные «горе» (Мф. 23), а также новые притчи о «царстве небесном» (Мф. 25:1), включая притчи о девах с маслом и о талантах, которые уже обсуждались выше.

Прекрасно образованный апостол Павел признавал, что Иисус Христос — это «мудрость Божия»: «для призванных же (как иудеев, так и язычников) Он — Божья сила и Божья мудрость» (1 Кор. 1:24). Он развивает эту мысль в послании к коринфянам: «Ибо только благодаря Ему пребываете вы в единстве со Христом Иисусом, Который стал для нас мудростью от Бога и праведностью, и освящением, и искуплением» (1 Кор. 1:30). Таким образом, он полагает, что для верующих, как иудеев, так и язычников, пребывание Христа внутри них через Святого Духа позволяет им также стать мудрыми, каковым был Христос во время своей земной жизни; через свой Дух он, «мудрость от Бога», вечно пребывает в них. Возможно, на мысль Павла повлияли слова пророка Исайи о мудром потомке царя Давида, сына Иессея, так как Иисус действительно происходил из рода Давидова:

> Но из корня *срубленного* древа Иессея
> взойдет молодой побег,
> от самого корня его
> произрастет *новая* ветвь плодоносящая;
> и пребудет на нем дух ГОСПОДЕНЬ,
> дух мудрости и разумения,
> благоразумия и силы,
> дух познания и страха ГОСПОДНЯ.

Обретет он отраду
в благоговении пред ГОСПОДОМ.
Судить он будет не по наружности
и решения будет выносить не по слухам:
бедняков справедливо рассудит
и дела обездоленных решит беспристрастно;
словом своим он поразит землю,
подобно жезлу *железному будет оно,*
дыханьем уст своих он убьет нечестивца.
Правдой он препояшется,
верность будет поясом на бедрах его (Ис. 11:1–5).

Павел предполагает, что существует связь между мудростью Ветхого Завета и жизнью Христа, включая его склонность делиться своей мудростью через притчи, что согласуется с литературой Премудрости еврейской традиции. Потомок Давида, описанный выше, силён словами, а не оружием: «словом своим он поразит землю, подобно жезлу железному будет оно, дыханьем уст своих он убьет нечестивца», при этом он проявляет свою мудрость, познание, справедливость и «страх Господень».

Например, Иисус использует хиазм — типичный для текстов Ветхого Завета стилистический приём, который состоит в том, что некая фраза начинается с утверждения, в её середину помещается важное зерно истины, а затем повторяется начальное утверждение, чтобы показать связь между пребывающим в нём Духом и словами: «Дух животворит, плоть тут ни при чем; Слова, которые сказал Я вам, — дух и жизнь» (Ин. 6:63). «Дух» и «жизнь» охватывают «слова»: здесь Иисус говорит о том, что следование его словам (Мф. 7:24а) может означать то же самое, что быть руководимым животворящим Духом. Следовательно, тот, кто хранит его слова, получает сверхъестественную помощь; эту задачу, к счастью, не требуется выполнять исключительно человеческими силами. Этот хиазм, подчёркивающий важность «слов», перекликается с изречением Притч. 4:5–7: «Приобретай мудрость, разумение приобретай, слов моих не забывай, не отступай от них. / Не отвергай мудрости — и она будет оберегать тебя, люби ее — и она защитит тебя. / Мудрость приобретай — вот где ее начало. Но превыше всего стремись обрести разумение». Слова вновь названы мостом и к Мудрости, и к духовной жизни.

Иисус, кажется, предполагает существование целостного единства между жизнью на земле и на небесах, что делает возможным мудрую ориентацию в человеческой жизни с использованием принципов, свойственных небесному царству:

> Однако способность применять такого рода метафору [«метафору ассоциации или переноса»], похоже, основывается на уверенности, что вещи действительно связаны, что центр остаётся на месте, что паутина не порвана — что Бог каким-то образом является истинным и первоначальным отцом, что все вещи связаны между собой, потому что они связаны в Боге [McFague 1975: 106].

Короче говоря, слова исходят от Слова Божьего, Сына Бога Отца, для того чтобы научить слушателей и читателей этих слов жить мудро — именно так, как это Слово поступало, когда оно ходило по земле.

Глава пятая
Размышления о Мудрости притч Иисуса

Никто не может доказать, что в самом деле было или есть в разуме Бога или его Сына, рассказчика притч. Читателю предстоит самому судить, насколько убедительными являются представленные нами связи между притчами Иисуса и изречениями Книги Притчей, чтобы поверить, что Иисус намеренно преобразовывал краткие изречения в рассказы с выбивающими из равновесия нравственными посланиями. Моё убеждение в том, что он, как мастер слова, намеренно поступал именно так, привело к созданию этой книги; читателям моего комментария предстоит сделать собственные выводы. Тем не менее изучение как Книги Притчей, так и притч Иисуса важно, поскольку оно обладает потенциалом увеличить мудрость самого читателя. Как авторы Книги Притчей, так и сам Иисус подчёркивают, что возрастание в мудрости важнее приобретения материального богатства.

В Притч. 8:10–11 сказано: «Наставление мое серебру предпочтите, а знание — золоту отборному, / ибо мудрость лучше жемчугов, не сравнится с ней никакая прихоть». Как обычно, Иисус предлагает более глубокое понимание этой притчи, объясняя, почему мудрость предпочтительнее серебра, золота и драгоценных камней: «в День Суда <...> от слов твоих и зависит: будешь ли ты оправдан иль осужден» (Мф. 12:36b–37). Если к этому «дню» человек не научился говорить мудро, это может привести к осуждению. Очевидно, что Судья в день суда не будет интересоваться финансовым портфелем или коллекцией драгоценностей человека.

Как же тогда научиться говорить так, чтобы это было приемлемо для Судьи? Иисус отвечает: «Отвергающий Меня и не принимающий слова Мои сам уже нашёл себе судью: слово, Мною сказанное, осудит его в последний День» (Ин. 12:48). Слова Иисуса исходят от Отца (Ин. 12:49) и являются «вечными» (Ин. 12:50). Таким образом, его слова мудрости, если их принять, понять и воплотить в жизнь, становятся мостом, который даёт слушателю или читателю доступ в Царство Отца; если их оставить без внимания, то они могут оказаться причиной того, что доступ в него будет закрыт. Уже в Книге Притчей говорится о том, насколько важно «хранить» его слова.

Автор Книги Притчей настоятельно увещевает:

> Сын мой! Заповеди отца своего сохрани,
> не отвергай того, чему учила тебя матушка.
> Навсегда на сердце повяжи их заповеди,
> обвяжи их вокруг шеи.
> В путь отправишься — они поведут тебя,
> спать ляжешь — будут тебя оберегать,
> пробудишься — станут с тобой беседовать,
> ибо заповедь — светильник,
> учение — свет,
> и строгое обличение — путь жизни (Притч. 6:20–23).

Интересно, что, согласно автору этих стихов, слова «заповедей отца» и учения «матушки» будут «оберегать» слушателя, если он сам будет «сохранять» их. Здесь очевидно стремление показать прямую взаимосвязь, синергию и интеграцию этих слов в сущность человека — возможно, не в буквальном смысле, привязывая их к телу, но определённо «повязав на сердце». Если такая интеграция происходит, то эти слова «поведут <...> будут оберегать <...> и будут беседовать» с тем, кто слушает и исполняет их; человек каким-то мистическим, синергичным и вполне определённым образом становится освещён этим «светильником» на «пути жизни».

Вполне естественно, если этот сплав слова Божьего с человеком, слушающим и хранящим это слово, ведёт к жизни, то по
пути он может привести и к исцелению (Мф. 13:15b; Ин. 12:40b),
а также к наличию постоянной защиты:

> ибо ГОСПОДЬ дарует мудрость, из уст Его — знание и здра-
> вомыслие. / Честным Он уготовал спасение, Он — крепкий
> щит для живущих непорочно. / Оберегает Он путь справед-
> ливых, охраняет стези всех, кто верен Ему. / Тогда ты позна-
> ешь праведность, справедливость и честность — каждую
> стезю добра *изведаешь* (Притч. 2:6–9).

Последняя притча: Иисус как «Виноградная Лоза»: Ин. 15:1–10

Во время последней Пасхальной трапезы с учениками Иисус
говорит в притче о самом себе:

> Я — истинная виноградная лоза, а Мой Отец — виноградарь.
> Всякую ветвь на Мне, что не приносит плода, Он обрезает,
> а ту, что плод приносит, Он очищает, чтобы больше плода
> приносила. Уже очищены вы; совершилось то через Слово,
> Которое вам возвестил Я. Пребудьте во Мне, тесно связаны
> будьте со Мной, и Я в вас пребуду. Как ветвь сама по себе
> не может плод приносить, если не будет она на лозе, так не
> принесёте и вы никакого плода, если во Мне, в тесной связи
> со Мной, не пребудете. Я — лоза, а вы — ветви. Только тот,
> кто во Мне пребывает, и в ком Я пребываю, приносит
> много плода; без Меня ведь ничего не сможете сделать. А те,
> что не пребывают во Мне, ветвям бесплодным подобны:
> выбрасывают их, и они засыхают. Собирают их, бросают
> в огонь, и сгорают они. Если в единении со Мной вы пребу-
> дете и слова Мои в вас пребудут, можете просить, о чём
> хотите, — всё получите! Когда урожай приносите вы обиль-
> ный и во всём являете себя учениками Моими, Отца Моего
> прославляете. Как Отец полюбил Меня, так и Я полюбил
> вас. Окруженные любовью Моей, живите в ней! Исполняя
> заповеди Мои, вы будете жить в Моей любви, как и Я ис-
> полнил то, что поручил Мне Отец Мой, и в Его любви
> пребываю (Ин. 15:1–10).

Здесь Иисус снова возвращается к теме виноградников и деревьев, которые растут, но теперь он совершенно недвусмысленно говорит о том, что существует синергетическое взаимодействие между ним и его учениками, которое позволит им любить и поступать так же праведно, как это делает он. Они принесут «обильный урожай».

Что же это за «урожай»? На первый взгляд, «урожай» — это то, чего «вы хотите», но теперь, внимательно прочитав многие из притч Иисуса, а также изречения Книги Притчей, на которых они, предположительно, могли быть основаны, становится ясно, что эти «желания» будут полностью согласны с волей Бога, выраженной в Его заповедях, пророческих откровениях и притчах. Желания Иисуса, выраженные в его словах, рассказах и действиях, совпадают с желаниями Его Отца, потому что он пребывает в Отце, а ученик Иисуса пребывает в Иисусе: «...вы узнаете, что Я — в Отце Моем, что вы — во Мне, и Я — в вас» (Ин. 14:20), и «тот, кто любит Меня, будет поступать по слову Моему, Отец Мой будет любить его; к нему Мы придем и будем жить у него» (Ин. 14:23). Истинный дом, построенный на скале, наполнен богатством присутствия Божьего. Таким образом, «желания» учеников будут совпадать с «заповедями» Иисуса и его Отца, и сами ученики станут обещанным «урожаем».

Ученикам, по крайней мере сначала, было сложно воспринимать «иносказания» Иисуса (Ин. 16:25), потому что «без притчи Он не учил их, а наедине ученикам Своим всё объяснял» (Мк. 4:34). По мере приближения его смерти его слова становились для них всё яснее. Поскольку теперь Иисус объяснил, что его Отец в нём и его ученики пребывают в нём, возникает вопрос: кто же на самом деле является автором притч Иисуса: сам Иисус, его Отец, пребывающий в нём, или его ученики, которые приходят к ним жить? Иисус уже указывал, что он говорил «не от Себя», но «пославший Меня Отец сказал Мне, что говорить и какими словами» (Ин. 12:49). Притчи являют Чью-то (или чью-то) великую творческую силу, использующую жанр, который никогда ранее не применялся так целенаправленно для преподавания нравственного учения или передачи мудрости, зёрна которой встречаются в Книге Притчей. Тот факт, что в сочинениях ближайших учеников Иисуса не обнаруживаются притчи, позволяет предположить, что Бог (Отец, Сын и Святой Дух) является их автором, подлинным художественным гением, воплощённым в Иисусе, Богочеловеке. Однако авторство этих притч менее важно, чем восприятие этих провоцирующих рассказов. Пусть их слушатели и читатели обретут «глаза, чтобы видеть, и уши, чтобы слышать» дарующую жизнь мудрость Божью.

Часть II

ИИСУС КАК
СОЗДАТЕЛЬ
ХУДОЖЕСТВЕННЫХ
ПРОИЗВЕДЕНИЙ

«Откуда же исходит мудрость?
Где они, месторождения разума?» (Иов 28:20)

Глава шестая
Что сформировало художественное мастерство Иисуса?

Творческого человека формируют его внутренние побуждения, культура — включая географическое местоположение, родной язык, традиции и религию — и художественные навыки. По своей человеческой природе Иисус был творческим человеком, на которого влияли все эти факторы. Во время своего служения он часто пересекал Самарию и Иудею, путешествуя между Иерусалимом и Капернаумом. Он говорил на арамейском языке и читал Священное Писание на еврейском языке, поскольку знал Закон, Пророков и литературу Премудрости. Он соблюдал еврейские традиции, которым его учили родители и наставники, как в его общине, так и в Храме (поскольку в возрасте двенадцати лет он беседовал там с учёными мужами), а также в свитках, которые он читал сам или которые читали ему. Иисус был убеждённым, соблюдающим заповеди религиозным евреем, который глубоко заботился как о своих верующих собратьях, так и о тех, кто нуждался в укреплении своей веры в Бога.

Он выражал свои творческие импульсы в словах, поскольку изобразительное искусство было запрещено Второй заповедью: «Не сотвори себе кумира — никаких изображений того, что на небе, вверху, и что на земле, внизу, и что в воде, ниже земли» (Исх. 20:4). Иисус рассказывал притчи — вымышленные истории, обязательной частью которых является неожиданный нравственный поворот, который мог быть легко воспринят (поступай как добрый самаритянин, говорит Иисус вопрошающему его религиозному человеку), либо остаться смущающим или даже проблематичным (например, достойно ли в самом деле похвалы поведение неверного управляющего, который после отстранения от должности стал переписывать закладные, уменьшая богатство своего хозяина?). Притчи Иисуса оригинальны, они не встречаются в другой ближневосточной литературе, но при этом возникают из глубин его внутреннего мира, его окружения и религиозной культуры.

Это рассказы о земледельцах, сеющих семена, и виноградарях, выращивающих виноград, о женщине, потерявшей монету, и о женщине, бесстрашно требующей правосудия у несправедливого судьи, о торговцах, ведущих дела, и землевладельцах, отправляющихся в путешествия. Все эти вымышленные персонажи были вдохновлены реальными людьми, которых Иисус, вероятно, встречал или о которых слышал в своей повседневной жизни, и они населяют места, похожие на те, что окружали его самого. Таким образом, как и любой автор — Уильям Фолкнер, изображавший сегрегацию в Миссисипи в романе «Шум и ярость», или Эрнест Хемингуэй, описывающий жестокости войны в книге «Прощай, оружие», — Иисус, создавая свои истории, черпал вдохновение из своего окружения и личного опыта. Роберт Альтер описывает художественный процесс, при котором соединяются плоды воображения и реальный опыт: «в свете воображения <...> элементы знаний и фрагменты восприятия, собранные различными способами, многие из которых, без сомнения, уже хранились в подсознании писателя, сливаются воедино, раскрываются в речи и поступках вымышленных персонажей» [Alter 1989: 61]. Иисус, как автор, у которого есть этическая и духовная миссия, сам должен был переживать этот процесс.

Как показано выше, жанр притч, как я его определяю (прозаические рассказы, в которых содержатся нравственные истины), встречается в Еврейской Библии только один раз — в эпизоде, когда пророк Натан обличает Давида: «Этот человек — ты сам!» (2 Цар. 12:7). Даже если это была единственная притча, которой мог вдохновляться Иисус, этого было бы достаточно, чтобы зажечь его творческое воображение, научить рассказывать притчи и использовать их для того, чтобы оказывать значительное нравственное воздействие на тех, кто внимательно их слушает. Так, Давид признаётся: «Согрешил я пред ГОСПОДОМ!» (2 Цар. 12:13а). Притча стала избранным способом художественного творчества Иисуса — краткие прозаические истории, а не, зачастую более возвышенная и элегантная, поэзия пророков. Возможно, если бы он прибег к этому стилю, то он выдал бы своим слушателям, что он действительно пророк, провозглашающий в поэзии слова Господа. Это разрушило бы эффект неожиданности, который создают притчи: заворожённые интересной историей, его слушатели не ожидали глубокого нравственного послания, которым заканчивается притча, поэтому концовка заставала их врасплох, так что смысл притчи мог быть воспринят слушателями, хотя ранее они, возможно, отгораживались от него. Пророческое «Услышьте слово ГОСПОДНЕ!», которыми часто начинались поэмы-прорицания (например, Ис. 1:10), лишило бы притчи эффекта неожиданности для слушателей и возможности пробиться сквозь их защиту.

Иисусу, вероятно, было известно о свойственном еврейскому народу сопротивлении пророческим возвещениям, ведь пророк Иезекииль даже упоминает о том, что существовала пословица, в которой говорилось о неверии пророкам:

> Было мне и такое слово Господне: «Смертный! Что это за пословица есть у вас в стране израильской: "Дни проходят, а виде́ния всё не сбываются"? Передай им, что так говорит Владыка ГОСПОДЬ: "Я упраздню эту пословицу, не станут больше так говорить в Израиле!" Вот что скажи им: "Близок день, когда сбудутся все виде́ния. И не будет более в народе Израилевом ни лжепророчеств, ни лестных прорицаний. Ибо Сам Я, ГОСПОДЬ, буду говорить, и что скажу, то сбудется и не будет отложено. Я изрек слово и исполню его уже нынче, в ваши дни, поколение мятежное!"» — таково слово Владыки ГОСПОДА (Иез. 12:21–25).

Таким образом, часть евреев — слушателей притч Иисуса устали от пророчеств, осуждающих их неверие словам пророков и безнравственное поведение. Ему нужен был новый способ передачи своей мудрости.

Книга Притчей также написана в поэтической форме, но и этого стиля общения Иисус избегал, даже несмотря на то, что в Книге Притчей некоторые связные поэтические отрывки превращаются в небольшие повествования, такие как история о том, как молодой человек поддаётся соблазну женщины, «в одеждах блудницы, с коварным сердцем» (Притч. 7:10). И здесь Иисус, возможно, избегал подавать своим слушателям сигнал, дающий знать, что он учит их словам мудрости. С другой стороны, возможно, он был новатором в своём повествовательном стиле, так же как роман эпохи Возрождения, «Дон Кихот» Мигеля де Сервантеса, пришёл на смену классическим эпосам и средневековым романам, написанным в стихах. Какова бы ни была причина, Иисус выбрал прозу вместо поэзии, чтобы рассказывать свои простые истории, содержащие важные нравственные истины.

Возникает вопрос, почему Иисус исключил из своих историй некоторые сюжетные линии, присутствующие в Еврейской Библии. Например, где эта женщина «с коварным сердцем» из Книги Притчей? Почему она не появляется в его рассказах, хотя в Книге Притчей ей посвящено несколько мини-повествований, близких по жанру к притчам? Например, отеческий голос во второй главе Книги Притчей предупреждает своего сына, что мудрость защитит его от связи с прелюбодейной женщиной:

> Рассудительность оградит тебя от чужой жены,
> от замужней с ее обольстительной речью,
> от той, что оставила наставника юности своей
> и забыла клятву, данную пред Богом.
> Дом ее ведет к смерти,
> и ее пути — к мертвецам.
> Кто вошел к ней, тому не вернуться,
> не ступить на стезю жизни (Притч. 2:16–19).

Пространные предупреждения подобного рода находятся также в Притч. 5:1–23, 6:20–35, 7:1–27, 22:14 и 23:27.

Кроме того, где цинизм автора Книги Екклесиаста, отвергающего идею загробной жизни и советующего есть, пить и веселиться сегодня, потому что завтра, может быть, уже умрешь (Еккл. 2:24, 3:13, 5:18 и 8:15)? Возможно, герой притчи, который собирается строить новые амбары, чтобы хранить в них свои увеличившиеся богатства, является воплощением этого неразумного персонажа (Лк. 12:16–21). Где полный горечи бунт Иова? Возможно, эти образы отсутствуют в притчах Иисуса, потому что он сам не испытывал подобных чувств. Он не позволял женщинам соблазнить себя, он знал, что существует жизнь после смерти, и никогда не восставал в споре против Бога Отца — хотя искушения Сатаны в пустыне, его душевные муки в Гефсиманском саду, а затем жестокое избиение и распятие римлянами могли бы дать ему для этого достаточно оснований. Как кажется, Иисус создавал свои притчи на основе собственного жизненного опыта и тех текстов еврейского Священного Писания, которые он считал наиболее важными для своей миссии и духовного роста своих слушателей.

Его притчи часто связаны с нравственными вопросами, непосредственно относящимися к тому, что он называл «Царством Божиим»: с покорностью Отцу, с верностью еврейскому закону, как он его понимал и разъяснял в своих действиях и историях, и с состраданием и справедливостью для всех, включая презираемых самаритян, подозрительных женщин, а также ненавистных римлян. Существуют параллели между биографией Иисуса, особенно его встречами с другими людьми и сотворёнными им чудесами, которые часто становились результатом этих встреч, и содержанием его притч.

Например, женщина, страдавшая внутренним кровотечением двенадцать лет (Мк. 5:25), напоминает женщину, настойчиво требующую справедливости у несправедливого судьи в притче Иисуса (Лк. 18:2–8), поскольку обе борются со злом: с непрекращающейся болезнью и жестокой несправедливостью. Больная женщина «много натерпелась от разных врачей, потратив на лечение всё, что было у неё, но никакой пользы не получила, и даже стало ей еще хуже» (Мк. 5:26). Вероятно, она ежедневно молилась Богу о выздоровлении, но ответа на эту молитву всё не было, казалось бы, вопреки справедливости. Её болезнь и страдания были несправедливы, так же как язвы и другие несчастья Иова. Поэтому, движимая отчаянием и верой, услышав об Иисусе, она «подошла к Нему сзади в толпе и коснулась одежды Его, потому что подумала: "Исцелена буду, если хоть к одежде Его прикоснусь"» (Мк. 5:27–28). Настойчивая женщина, обращающаяся к несправедливому судье в притче Иисуса, говорит: «Защити меня от обидчика моего!» (Лк. 18:3b). Обе женщины добиваются исполнения своих желаний: «Тут же кровотечение остановилось, и она ощутила, что здоровье вернулось к ней» (Мк. 5:29), а раздражённый судья «заступился за нее» (Лк. 18:5a). Настойчивость и мужество больной женщины равны или, возможно, превосходят упорство и смелость вымышленной вдовы, потому что её кровотечение, согласно закону книги Левит (Лев. 12:1–8 и 15:19–30), в принципе исключало её из жизни общества и вполне определённо запрещало ей прикасаться к такому важному лицу, как пророк. Тем не менее более милостиво, чем его вымышленный судья, Иисус приветствовал её, сказав: «Дочь Моя, вера твоя спасла тебя. Ступай с миром и будь свободна от страданья твоего!» (Мк. 5:34).

Ещё один пример того, как встречи Иисуса с реальными людьми могли превратиться в притчи, даёт нам сопоставление истории римского сотника и притчи о горчичном зерне. Подобно женщине, страдавшей кровотечением, сотник, без сомнения, слышал о целительной силе Иисуса. В отличие от неё, он просил Иисуса исцелить его страдающего слугу, который «разбитый параличом, лежит дома и жестоко страдает» (Мф. 8:6). Очевидно, этот римский офицер был необычен уже потому, что глубоко переживал о своём несчастном слуге, а также не пытался принудить Иисуса выполнить его просьбу. Однако ещё более необычной была его забота о самом Иисусе: он отказался от того, чтобы пригласить Иисуса в свой дом, ибо это не только могло быть источником социальных проблем для целителя, но и само нахождение в доме язычника — и, хуже того, одного из представителей языческой власти — оскверняло его. У. Ф. Олбрайт и К. С. Манн отмечают, что вход в дом язычника «не был запрещён Моисеевым Законом, но, безусловно, не приветствовался раввинистическим законодательством» [Albright, Mann 2011: 93].

С точки зрения римской воинской ментальности центуриона, влиятельный человек, даже находясь на значительном расстоянии, мог просто отдать приказ, и он принимался к исполнению. Поэтому, когда Иисус предложил прийти к нему домой, сотник уверенно заявил:

> «Господи, недостоин я, чтобы Ты вошел в мой дом. Но скажи лишь слово, и слуга мой будет исцелен. Я ведь и сам в подчинении, в то же время и у меня под началом воины. Когда говорю одному из них: "Пойди!" — он идет, другому: "Иди сюда!" — и он приходит, говорю рабу своему: "Сделай то-то!" — и он делает» (Мф. 8:8–9).

Иисус не осудил сотника за то, что тот был военачальником, или за владение рабами; наоборот, он «восхитился и сказал идущим за Ним: "Воистину, ни у кого в Израиле не нашел Я такой веры"» (Мф. 8:10).

Вера этого римского офицера позволила ему стать частью «Царства Небесного» (Мф. 8:11b). Более того, просьба сотника была исполнена: «"Ступай! — сказал Иисус центуриону. — Пусть будет тебе по вере твоей". И слуга [его] был исцелен в тот же час» (Мф. 8:13). У язычника-сотника была вера по крайней мере с горчичное зерно, а согласно похвале, высказанной Иисусом, это больше, чем он нашёл среди своего народа. Такая вера может разрастись в дерево: оно «становится больше всех огородных растений, и так разрастаются ветви его, что птицы поднебесные могут гнездиться под сенью их» (Мк. 4:32). Исцелённый слуга сотника, вероятно, также язычник, мог бы «гнездиться» в доме своего господина, служа ему с благодарностью и, возможно, в конце концов служа и самому Иисусу. В своём комментарии на Евангелие от Марка Дж. Маркус отмечает, что три пророческих изречения Еврейской Библии связывают «птиц поднебесных» с язычниками [Marcus 2010: 331]: Иез. 17:23, Иез. 31:6 и Дан. 4:18.

Исцеление слуги римского сотника показывает, что те, кто ранее был отвергнут, теперь включены в отношения с Богом, и предполагает, что сильная вера может объединить язычников с евреями в новом «Царстве Божьем».

Иисус незаметно, но неотступно и настойчиво сеял семена и проливал свет на истину жизни как на земле, так и в Царстве его Отца. Он стремился, в том числе и собственным примером, побудить людей одновременно к земной нравственной жизни и к жизни в Божьем Царстве, можно сказать, на пересечении этих двух сфер существования. «Царство Небесное», по-видимому, медленно, тихо, но в то же время с силой возрастает внутри человека, подобно крошечным семенам, скрытым в земле, которые превращаются в высокие стебли злаков, украшенные колосьями, полными зерна.

Даже рассказывая свои притчи, Иисус сеял семена понимания того, что значит жить в этом царстве; таким образом, его реальные поступки иллюстрировались его придуманными историями. Реакция слушателя или читателя на результат «посеянных семян» имеет важное значение: одни падают на добрую почву и со временем приносят урожай, другие — на каменистую и бесплодную землю, третьи зарастают сорняками, а некоторые склёвываются птицами. Конечный результат определяет не судьба, а выбор людей, которые размышляют над этой притчей. Иисус надеялся, что их выбором будет расти на доброй почве.

Его чудеса, однако, положили конец ненавязчивой назидательности его послания. Хотя притчи, вероятно, привлекали толпы народа, тем не менее, подобно женщине с кровотечением и римскому сотнику, они устремлялись к нему, чтобы исцелиться самим или попросить об исцелении своих близких, так что Иисусу было трудно найти уединение. Несомненно, люди были больше заинтересованы в том, чтобы получить от него исцеление и сделать его земным царём, который мог бы чудесным образом исцелять и кормить тысячи, чем думали о смысле нравственных посланий, которые несли его побуждающие к размышлениям притчи. Иисус был вынужден избегать тех, кто хотел сделать его царём, он также не исцелил всех, кто страдал каким-либо недугом, и не обеспечил всех людей бесконечным источником пищи. Ясно, что мудрость его нравственного учения, выраженная в притчах, превосходила политическую власть, совершенное здоровье и постоянное наличие пищи. Следовательно, его притчи должны были показать, как должны поступать сторонники царя или хозяина земли в его отсутствие.

Станут ли они продолжать следовать указанным им принципам или же опьянеют от полученной власти и начнут угнетать своих подчинённых? Его притчи содержат вымышленные, однако впоследствии оказавшиеся пророческими сценарии того, что могло произойти и, к сожалению, в самом деле произошло в истории церкви в его отсутствие: управляющие, получившие временную власть, действительно могли бить подвластных им людей (Лк. 12:42–48), отказаться почитать его, своего Господина, *in absentia* (Мк. 12:1–9), и вести жизнь не смиренную, а высокомерную, в противоположность тому, чему учил Иисус, как это верно описал А. Трокме в своей книге [Trocmé 1953]:

> Вся истина для народа, разумеется, — полуправда для Церкви, но такая полуправда, которая единственная позволяет обеспечить физическое выживание христианского общества, а значит, и церковной институции, и самой истины, которую эта институция призвана воплощать на земле. Мы хотим здесь заявить решительный протест против этой макиавеллистской позиции, распространённой в современной Церкви. Церковь, скрывающая сверхчеловеческую истину, которой она, по собственному заявлению, учит, под лицемерным одеянием полуправды, приемлемой для народа, — для того, чтобы использовать народ в служении временным целям, эксплуатировать его наивность и жажду жертвы для поддержания режима, защищающего церковные институты, — такая Церковь попадает под страшный суд Бога истины, который является её главой. Вечная истина не исчезнет, но Церковь погибнет в своих противоречиях [Trocmé 1953: 37–38].

Этот тип эсхатологических притч можно считать прорицаниями, если понимать слово «прорицание» как «изречение», произнесённое «тем, кто даёт богодухновенные ответы или откровения». Поскольку в данном случае это «прорицание» имеет форму интересной истории, а не провозглашено в виде пророчества, подобного поэтическим прорицаниям Исаии или Иеремии, то послание Иисуса оставалось частично скрытым, возможно, не предназначенным для полного понимания до его смерти.

В своих притчах Иисус излагал жестокие истины. Пастор Трокме утверждает, что в двадцатом веке эти истины были «разбавлены» до «полуправд», чтобы обеспечить выживание институциональной церкви в светском обществе. Некоторые церковные лидеры ведут себя так же неэтично, как некоторые из аморальных героев притч Иисуса о Царстве Божьем, например, как управляющий, который бьёт слуг в отсутствие своего господина (Мф. 24:48–51).

Иисус мог черпать многое из Книги Притчей, поскольку в ней, часто в виде кратких изречений, заключён Закон; в самом деле, эти изречения являются по сути краткими комментариями к Закону. Например, каждый еврейский ребёнок с самого детства знал, что следует «почитать отца своего и мать свою» (Исх. 20:12a). Некоторые могли слышать следующие изречения Книги Притчей, перекликающиеся с этой заповедью, но выраженные другими словами, например: «Сын мой! Наставление отца своего слушай, не отвергай того, чему учила тебя матушка» (Притч. 1:8), где слово «слушай» подразумевает не только слышание, но и восприятие «наставления» и «учения», а затем их исполнение; или: «Сын мой! Да будет это всегда перед очами твоими: храни здравомыслие и рассудительность» (Притч. 3:21).

Однако притча о блудном сыне и его полном горечи старшем брате (Лк. 15:11–32) показывает два варианта того, как взрослые дети определённо не почитают своего родителя. Младший сын, запросивший своё наследство прежде смерти отца и затем расточивший его, демонстрирует своё крайнее к нему неуважение, возможно, потому что таким образом он показывает, что хотел бы, чтобы его отец умер; при этом младший сын в своём бесчувствии ранит отца, поскольку отец переживает о его судьбе в его отсутствие, из-за чего отец действительно мог бы умереть. Интересно, что старший сын, возмущённый раскаянием и возвращением младшего брата, решает, что он тоже не вернётся домой, отвергая настойчивые просьбы отца зайти в дом, где проходит праздничный пир, тем самым также проявляя неуважение к отцу. Иисус, показывая двух вымышленных братьев, не почитающих своего отца, но с двумя разными исходами — искренним раскаянием одного и гневным упрямством другого — позволяет своим слушателям глубоко задуматься о том, что на самом деле означает почитать родителей, их «наставления» и «мудрость», и затем, возможно, сделать правильный выбор в собственной жизни.

Книга Притчей описывает отца, наставляющего своего, вероятно находящегося в юношеском возрасте, сына избегать нравственных ловушек, таких как распутные женщины, буйные компании, лень и пьянство. Иисус же исследует более глубокий вопрос: как сын должен относиться к доброжелательному отцу. Иисус предпочитает дать своим слушателям свободу для размышлений, вместо того чтобы завершить притчу подходящей на первый взгляд, красивой и сказочной фразой «И жили они долго и счастливо». Таким образом, его нравственные намерения берут верх над эстетическими, если только он, конечно, и в этом случае не предвосхищал современные художественные формы, предлагая текст с открытым концом, подобно, возможно, тому, как «Улисс» Джеймса Джойса противостоял реалистическим европейским романам XIX века, которые обычно имели связный текст и «правильную» концовку. Иисус, по крайней мере, понимал, что незавершённый финал требует больше внутренней работы от воспринимающей его текст аудитории, чем простая и понятная концовка.

И изречения Книги Притчей, и евангельские притчи — это короткие тексты, которые легко запомнить. Иисус стремился не столько к какой-либо художественной цели, сколько к тому, чтобы его притчи помогали его аудитории возрасти в понимании нового «Царствия Божия», которое он открывал перед ними. Короткие тексты было легко запомнить или даже записать на восковых табличках, используемых при совершении торговых операций, что может объяснить как их значительное сходство, так и очевидные различия между Евангелиями, которые их пересказывают. Иисус, вероятно, рассказывал, а не записывал эти истории, поскольку подобное устное изложение притч было типичным для еврейских раввинов его времени, а также поскольку таким образом он мог обратиться к бо́льшему числу людей, которые могли слушать, как он сам рассказывает эти истории, — к бо́льшему, чем если бы он эти истории записывал и их можно было бы прочитать, поскольку в то время лишь немногие люди были грамотны. Только спустя десятилетия после его смерти его последователи начали записывать эти истории, осознавая, что без письменной фиксации они могли бы легко исчезнуть. Иисус, вероятно, понимал, что устная традиция в его культуре пользовалась уважением и тщательно сохранялась, а последующие исследования А. Лорда [Lord 1978] и М. Перри подтверждают, что в обществе, в котором не распространена грамотность, люди обладают развитой памятью. Эти учёные также показали, как «бард»-рассказчик в устной традиции должен был придерживаться первоначальной структуры своей истории, хотя он мог вносить стилистические изменения, иногда добавляя эстетические изыски. Если бы последователи Иисуса полностью изменили его рассказы после его смерти, те, кто слышал и помнил оригиналы, возразили бы против таких изменений. Со временем слова и учение Иисуса, особенно выраженные в его притчах, нуждались в сохранении, так же как и Еврейская Библия на протяжении столетий была защищена от изменений.

Рассказывая свои истории, Иисус обладал авторитетом, причём сам термин «автор» этимологически связан со словом «авторитет». Он не придерживался осторожности, характерной для книжников его времени, которые стремились сохранять традицию и избегать оригинальности. Его аудитория это замечала (Ин. 7:15), а у тех, кто обладал институциональной властью, это вызывало ненависть и приводило к вопросам о его праве так поступать (Мк. 11:28). Еврейские раввины его времени уже использовали притчи для иллюстрации отдельных идей в своих комментариях к Писанию, но Иисус создавал свои собственные притчи для своих целей, описывая новое «Царство Божие». Таким образом, он был автором-творцом ради исполнения своей миссии, а не использовал свою миссию, чтобы продемонстрировать свою виртуозность как автора оригинальных историй.

Эти размышления о художественном выборе, сделанном Иисусом, основываются на предположении, что он умел читать, писать, размышлять и составлять притчи на высоком уровне мастерства. В следующей главе мы исследуем вопрос о том, как он мог приобрести эти навыки.

Глава седьмая
Как Иисус мог стать автором?

Когда Иисус начал своё служение, он удивил многих в

«городе, где он вырос: <...> наступила суббота, и Он начал учить в синагоге, и многие из тех, кто слушал Его, с удивлением спрашивали: "Откуда всё это у Него? Что за мудрость дана Ему, и как может Он творить такие чудеса? Разве Он не плотник, не сын Марии и брат Иакова, Иосита, Иуды и Симона? Не здесь ли, среди нас, сестры Его?"» (Мк. 6:1–3а).

Писание не раскрывает, что делал Иисус между своей встречей с учёными мужами в Храме, когда ему было двенадцать лет, и началом своей проповеди и исцелений во взрослом возрасте. Поэтому можно только строить предположения о его образовании, но, вероятнее всего, он должен был быть не только грамотным, но и хорошо начитанным в библейских текстах к тому моменту, как он три дня дискутировал с опытными учёными, гораздо старше его, которые воспринимали его, ребёнка, вполне серьёзно. Жители Назарета были поражены его мудростью и чудесами, но знали его только как плотника и сына Марии, поэтому они явно не понимали, как он одновременно и стал грамотным, и получил силу исцелять.

У. Ф. Олбрайт и К. С. Манн отмечают, что «зачастую не удавалось должным образом (если вообще удавалось) учитывать человеческую природу и человеческое мышление Иисуса» [Albright, Mann 2011: 288]. Следующее ниже рассуждение на тему того, как Иисус мог получить образование, является попыткой исправить этот недостаток. Иисус хорошо знал Писания Еврейской Библии; вероятно, он ссылался на них по памяти, так как нигде не упоминается, чтобы он, проповедуя и рассказывая притчи, носил с собой свитки, а также поскольку заучивание длинных отрывков из Писания было основным методом обучения юных еврейских учеников. Притчи служили учебными текстами для мальчиков. Слова «Сын мой! Наставление отца своего слушай» (Притч. 1:8а) открывали ряд наставлений о том, как избежать греха и оставаться на прямом пути. Возможно, Иосиф-плотник, земной отец Иисуса, был неграмотен. Может быть, именно поэтому он получал ясное руководство от Бога во снах, а не через письменные тексты. Если он был неграмотным, то кто мог сыграть роль наставника Иисуса, обучая его чтению, письму, изучению, запоминанию и даже толкованию Писания, включая основополагающую мудрость Книги Притчей?

Отец Иоанна Крестителя, Захария, является возможным кандидатом, так как он был мужем Елизаветы, «родственницы» Марии (Лк. 1:36а), происходившей из «священнического рода» (Лк. 1:5b). Захария был священником, «в Авиевой смене» (Лк. 1:5а), достаточно влиятельным, чтобы быть «по жребию» (Лк. 1:9а) избранным для входа в Святая святых перед Богом (Лк. 1:8–23). Будучи священником, он обладал привилегией изучать Писание бóльшую часть своей жизни. Он умел не только читать, но и писать: когда друзья и родственники хотели назвать сына Захарии и Елизаветы именем его отца, он «попросив дощечку <...> написал: "Имя ему Иоанн"» (Лк. 1:63), следуя указанию, данному ему ангелом, которого он встретил, когда вошёл в Святая святых. Захария, Елизавета и Иоанн были важными и образцовыми предшественниками Иисуса: про родителей Иоанна говорится, что «они были праведными в глазах Божиих, живя безупречно по всем заповедям и установлениям Господним» (Лк. 1:6), а их сын, подобно Самсону (Суд. 13:5), был наречён Назореем от рождения: «он будет велик в глазах Господа, <...> не будет пить ни вина, ни крепких напитков <...> и преисполнится Духом Святым» (Лк. 1:15).

Олбрайт и Манн признают, что о взрослых годах Иисуса до начала его служения известно немного, но утверждают: «Всё, что мы можем сказать с уверенностью, это то, что Иисус и Иоанн Креститель, должно быть, проводили значительное количество времени вместе» [Albright, Mann 2011: 22]. Учитывая их схожие духовные интересы и возможность того, что их обоих обучал пожилой Захария, они, вероятно, вели оживлённые дискуссии о Писании и духовных вопросах. Олбрайт и Манн отмечают, что фраза, общая для обоих проповедников Евангелия, звучала так: «Покайтесь, ибо приблизилось Царство Небесное» [Ibid.: 28]. Однако Евангелие от Луки указывает, что Елизавета и Захария были в преклонном возрасте, поскольку рождение Иоанна было почти чудом, он был их единственным сыном, удивительным образом зачатым уже в старости (Лк. 1:18, 25). Возможно, Захария не дожил до того, чтобы полностью обучить молодого Иисуса, поэтому другой возможный вариант: Иисус мог посещать «писцовую школу», самая престижная из которых была связана с Храмом в Иерусалиме.

Роберт Альтер комментирует возможность существования «писцовых школ», которые могли быть связаны с Храмом:

> Можно с уверенностью предположить, что по всему региону существовали школы писцов, находившиеся, как правило, при храмах и управлявшиеся священниками-писцами, поскольку письмо и литературное мастерство — это сложные навыки, требующие обучения. Однако неясно, следует ли также считать эти школы академиями Мудрости. В Притчах есть лишь одно упоминание (17:16), которое, как кажется, указывает на то, что люди платили учителям за обучение Мудрости, но трудно сказать, было ли это обычной практикой [Alter 2019: 345].

В Притч. 17:16 говорится: «Не помогут глупцу никакие деньги: не купишь за них мудрости, коли разума нет».

К. ван дер Торн трактует выражение «страх Господень», который является основой мудрости, как результат обучения в школе писцов: «И когда Притчи говорят, что страх Господень — начало мудрости (Притч. 1:7 и другие места), они понимают под мудростью знание, полученное в результате обучения в школе писцов» [Van der Toorn 2007: 81]. М. В. Фокс утверждает, что под эгидой крупной школы при Храме по всей Палестине существовали небольшие школы писцов, а также что при Храме в Иерусалиме существовала библиотека:

> Вероятно, существовали школы при храме и, возможно, при дворе, как в Египте и Месопотамии, потому что *никому* [sic] не было бы смысла писать, если бы прочитать написанное могли лишь немногие, рассеянные по всей стране. <...> Подобно храмам Египта и Месопотамии, во Втором Храме в Иерусалиме была библиотека [Fox 2010: 8].

Комментируя Мф. 13:54–56, Олбрайт и Манн выдвигают гипотезу, что и Иосиф, земной отец Иисуса, и сам Иисус были странствующими строителями:

> Слово *tektōn*, которое мы переводим как «строитель», имеет широкий диапазон значений — от кораблестроителя до скульптора, но обычно указывает на высококвалифицированного мастера. Это слово может даже использоваться для обозначения врача <...> как правило, это были странствующие мастера, которые путешествовали в одиночку или с семьями из города в город в поисках работы. Вероятно, это было особенно верно в отношении строителей... Иосиф, возможно, провёл большую часть своей трудовой жизни, работая строителем в Иерусалиме. Учитывая, что в евангелиях подразумевается (см. также Лк. 4:22 и Ин. 6:42), что некоторые жители Назарета не знали Иисуса в лицо, когда он впервые появился там после начала своего публичного служения, хотя ему к тому времени должно было быть как минимум тридцать лет, становится очевидно, что он не проводил много времени в Назарете. Вероятно, так же, как и его отец [Albright, Mann 2011: 172–173].

Иисус, сын искусного «строителя», мог изучать Писания в Иерусалиме, если его отец действительно мог найти там много работы. Если Иисус научился читать и писать, возможно, сперва у Захарии, а затем в местной школе писцов в Назарете или в знаменитой школе в Иерусалиме, то какая методика обучения могла использоваться в то время?

Ван дер Торн отмечает, что «ученики, предположительно, сидели у ног своих учителей, подобно тому как ученики Елисея сидели перед ним (4 Цар. 4:38; 6:1), старейшины изгнанников сидели перед Иезекилем (Иез. 8:1), и как Павел получал наставления у ног Гамалиила (Деян. 22:3)» [Van der Toorn 2007: 97]. Далее он предполагает, что ученики писали на табличках:

> Встречающееся в Книге Притчей выражение «запиши на скрижалях сердца своего» (Притч. 3:3; 7:3) в качестве метафоры использован образ учеников, записывающих притчи под диктовку, что свидетельствует о существовании образовательной практики заучивания и копирования наставлений [Ibid.: 101].

Далее ван дер Торн описывает, как на древнем Ближнем Востоке обучали грамоте: «Месопотамские писцы развивали навыки письма, копируя и запоминая списки — слогов, слов, имён, предложений и наставлений, — после чего переходили к отрывкам из более длинных литературных текстов» [Ibid.: 56]. Возможно, Иисус получил что-то вроде специального образования, включавшего заучивание и написание наставлений, так чтобы к переходному возрасту, двенадцати годам, быть признанным учёным в храме Иерусалима.

В самом деле, в возрасте двенадцати лет Иисус вёл беседы в Иерусалиме в течение трёх дней, возможно, с некоторыми из своих наставников или потенциальных учителей, когда его родители искали его после празднования Пасхи (Лк. 2:42–51). Если его не представил лично этим учёным учитель из Назарета, то он, вероятно, прибыл с устными или письменными рекомендациями, в которых говорилось о его остром уме, духовности и эрудиции. Эти люди, должно быть, восприняли его всерьёз как юного учёного, хорошо знающего Писания, чтобы уделить ему столько времени на учёный разговор с ним. Сам Иисус, по всей видимости, был настолько увлечён этими разговорами, что забыл сообщить своим родителям, Иосифу и Марии, где он находится: «[Иосиф и Мария] через три дня Его нашли в Храме, где Он сидел среди учителей, слушая их и задавая им вопросы. Все, кто слышал Его, удивлялись

Его разуму и ответам» (Лк. 2:46–47). Ван дер Торн описывает далее систему обучения писцов: «Школа при храме в Израиле не обязательно была отдельным зданием, её сутью были отношения учителя и ученика (см. 1 Пар. 25:8; Притч. 5:12–14; Пс. 118:99), и это общение могло происходить как в одной из пристроек храма, так и в доме священника-писца» [Van der Toorn 2007: 89].

Тот факт, что Иосиф и Мария стали упрекать Иисуса за то, что он заставил их беспокоиться во время своего трёхдневного отсутствия, указывает на то, что они, возможно, не до конца понимали, насколько важным для него была эта возможность общения: «Сын *мой*, почему Ты так с нами поступил? Мы так извелись, пока искали Тебя» (Лк. 2:48b). В своём ответе он не проявляет неуважения к ним, ибо это означало бы нарушение заповеди о почитании родителей (Исх. 20:12), однако в его ответе отражается глубокое понимание того, что его миссия теперь, как молодого взрослого, связана с тем, чтобы учиться и учить: «Зачем же вы искали Меня? Разве вы не знали, что Я должен быть в Доме Отца Моего?» (Лк. 2:49). В данном случае его Отец — это Бог, а не Иосиф, и в сознании Иисуса Бог, очевидно, имеет приоритет над его земными родителями.

Возможно, он ещё не полностью осознавал, что его учение в итоге отделит его от официальной храмовой системы, внутри которой учёные могли понять его жажду к изучению Писания и получению духовных знаний. Его возвращение с родителями в Назарет и то, что он в дальнейшем «был им послушен» (Лк. 2:51), указывает на то, что Иисусу был закрыт путь в гильдию учёных и книжников Храма. В отличие от своего родственника, Иоанна Крестителя, сына священника по чину Левия, Иисус из колена Иуды не мог официально совершать священническое служение при Храме, так как со времён Моисея и Аарона эта роль предназначалась только потомкам Аарона — левитам.

Евангелие от Луки опускает множество деталей об образовании Иисуса, особенно о том, как он обрёл свою мудрость; оно лишь говорит, что он «преуспевал в мудрости», а также в «любви у Бога и людей» (Лк. 2:52). Возможно, этот пробел подразумевает то, что аудитория считала само собой разумеющимся: Иисус во время своего общественного служения был, очевидно, достаточно образован, чтобы заслужить уважение таких видных иерусалимских учёных, как Никодим, «фарисей... один из старейшин иудейских» (Ин. 3:1), который пришёл к нему ночью, чтобы обсудить его учение и чудеса, опасаясь осуждения со стороны других фарисеев за свою связь с Иисусом. Евангелие от Иоанна показывает, что объяснение Иисусом необходимости «родиться свыше», чтобы «увидеть Царство Божие» (Ин. 3:3), сбило Никодима с толку, что отражено в его несколько наивных вопросах: «Но может ли человек родиться заново, если стар он уже? Разве может вернуться он в чрево матери своей и родиться второй раз?» (Ин. 3:4). После первоначального объяснения Иисуса Никодим снова спросил: «Но как же может быть такое?» (Ин. 3:9), на что Иисус ответил почти что снисходительно: «Ты — учитель в Израиле, а такого не знаешь?!» (Ин. 3:10).

Дальнейшие разъяснения, которые даёт Иисус, демонстрируют его терпение и сострадание; он действительно хотел, чтобы Никодим понял его слова о «Царствии Божием». Однако, судя по тексту, Никодим в ответ ничего не сказал. Тем не менее он вновь появляется после распятия Иисуса, чтобы помочь Иосифу из Аримафеи похоронить его: «Пришел также и Никодим — тот самый, который в первый раз приходил к Иисусу ночью. Принес он смирну, смешанную с алоэ, всего около ста фунтов» (Ин. 19:39). Это огромное и невероятно дорогое количество ароматных веществ предполагает, что Никодим всё-таки пришёл к пониманию «Царства Божия», раз он хотел почтить Иисуса таким образом.

В одном интернет-блоге высказывается предположение, возможно, отражающее некую благочестивую традицию, что Иисус изучал Писания и вероучение у ног своей матери, Марии. Инге Андерсон поднимает вопрос о том, «Как мальчик Иисус изучал Писания», приводя красочную цитату из журнала «Education»:

> В детстве, юности и зрелости Иисус изучал Писания. Будучи маленьким ребёнком, Он ежедневно сидел на коленях у своей матери, которая учила его по свиткам пророков.

> В юности ранним утром и на закате Его часто можно было
> увидеть в одиночестве на склоне горы или среди деревьев
> в лесу, где Он проводил время в тишине, в молитве и изуче-
> нии Слова Божьего. Глубокое знание Писаний, показанное
> Им во время Его служения, свидетельствует о Его прилежа-
> нии в их изучении. А поскольку Он приобретал знания так
> же, как это можем делать и мы, Его удивительная сила — как
> умственная, так и духовная — является свидетельством
> ценности Библии как средства обучения (Education,
> 185 в [Anderson 2014]).

Нарисованная автором картина ошибочна по двум причинам:
женщины, за исключением немногих привилегированных членов
высших слоёв общества, во времена Иисуса были неграмотны,
а стоимость покупки свитков, чтобы дать возможность сыну
изучать их, была бы непомерной для плотника из Назарета и его
жены. Таким образом, Иисус должен был научиться читать
и писать, а также получить глубокие познания в Еврейской
Библии, иным путём.

Книга Притчей была основой для обучения мудрости. Ван дер
Торн утверждает:

> ...храм как центр образования и учёности... [Зигмунд] Мо-
> винкель строит свой аргумент на двух предпосылках.
> Во-первых, что такие книги, как Книга Притчей, были
> учебным материалом для учеников писцовых школ; и, во-
> вторых, что еврейская Библия представляет собой собрание
> текстов, передаваемых в храмовом контексте. Сравнитель-
> ные данные со всего Ближнего Востока показывают, что
> книги Премудрости действительно были обычным учебным
> материалом, что поддерживает первую предпосылку...
> Можно ожидать, что израильская практика соответствова-
> ла обычаям всех окружающих цивилизаций [Van der Toorn
> 2007: 88].

Книга Притчей была ценным учебным инструментом благодаря своему ритмичному стилю, краткости и мудрости [Ibid.:
100–101]. Если Иисус в детстве занимался запоминанием изре-

чений Книги Притчей, то в таком случае что в них могло стимулировать его воображение к созданию прозаических притч, основанных на этих изречениях?

Христиане верят, что Иисус был безгрешен; следовательно, как совершенный человек он был самореализован. Согласно иерархии потребностей А. Маслоу, нижние уровни потребностей должны быть удовлетворены прежде, чем высшие. Мы видим, как были обеспечены потребности Иисуса в еде (когда не хватало хлеба, он умножал хлеб), здоровье (нет сведений о том, чтобы он когда-либо болел) и безопасности (когда некоторые назаряне хотели сбросить его с обрыва, он избежал опасности) (Лк. 4:29–30). Благодаря этому он был свободен творить при помощи слов свои художественные рассказы, в которых воплощались нравственные послания. Кроме того, когда его окружили верные ученики и другие преданные последователи, его потребности в любви и уважении также были удовлетворены. Если физиологические потребности, потребность в безопасности и «потребность в принадлежности» [Maslow 1954: 89] удовлетворены, возникнут две высшие потребности, которые Иисус, кажется, также смог удовлетворить: во-первых, «потребности когнитивного ряда — потребность в познании (любопытство) и потребность в понимании (потребность в философской, теологической, ценностной теории)» [Ibid.: 2]. Иисус стремился удовлетворить эти потребности уже тогда, когда в возрасте двенадцати лет вёл диалог в храме с учёными мужами (Лк. 2:46–47). Во-вторых, «эстетические потребности» [Maslow 1954: 2]. Передача нравственных посланий посредством притч, несомненно, была его главной целью, но их воплощение при помощи эстетического средства — притч на еврейском языке, следуя парадигматической притче пророка Натана, рассказанной царю Давиду (2 Царств 12:1–7а), — должно было дать Иисусу приносящее удовлетворение средство художественного выражения — оно могло приблизить его слушателей к истинам, которые он стремился им передать.

Как цельный человек, он бы испытывал фрустрацию в сферах потребностей высшего уровня — потребностей в творчестве и самовыражении, — если бы не обладал художественной силой формировать слова в увлекательные истории, чтобы делиться ими с другими; эти истории служили к усилению его нравственной миссии, а не отвлекали от неё. Как утверждает Маслоу, «...художники должны писать картины, поэты — сочинять стихи, чтобы оставаться в согласии с собой. Человек *должен* [sic] быть тем, чем он *может* [sic] быть. Эту потребность мы можем назвать самоактуализацией» [Maslow 1954: 91]. Если бы его творческие потребности не были удовлетворены, он мог бы поддаться искушению стать проводником насильственной революции, таким, каким ожидали видеть своего героя-Мессию многие из его слушателей. Его притчи и диалоги с еврейскими учёными определённо свидетельствуют о его способности сражаться словами, а не оружием. Комментатор Библии Дж. Маркус рассматривает притчи Иисуса как «орудия борьбы» против демонических сил, с которыми он часто сталкивался:

> Он отвечает на их нападения «в притчах»... а также в похожей на притчу речи о суде в (Мк. 3:28–30) [о хуле на Святого Духа]... эти притчи — не вневременные максимы, а орудия борьбы, и эта модель будет характеризовать всю последующую притчевую речь Иисуса [Marcus 2010: 281].

Описывая творческий процесс интеллектуала, каким, как уже было сказано, Иисус проявил себя в раннем возрасте, Маслоу отмечает, как когнитивное и эстетическое могут объединяться: «...составление важного документа, в котором кто-то глубоко заинтересован, не вызывается чем-то одним, а служит выражением или творческим проявлением личности в целом, что, в свою очередь, является результатом почти всего того, что происходило с ней раньше» [Maslow 1954: 30]. Как зрелый учёный, не зависимый от храмового священства и книжной культуры своего времени, Иисус создавал многочисленные притчи, которые возникали из всего его жизненного опыта и сильного желания донести своё ви́дение «Царства Божьего». Если Маркус прав в утверждении, что его целью была борьба с силами сатаны, то так тому и быть. Эта борьба могла вестись словесно, эстетически и без применения насилия.

Маслоу предостерегает от «атомистического» изолирующего анализа и поддерживает «...холистически-динамический подход» [Ibid.: 80], при котором все части человеческой сущности взаимодействуют друг с другом и с культурой, в которой человек был воспитан. «Искусство» Иисуса является производной того, кто он есть, а также производной его окружения, включавшего аграрную и местную деловую культуру, римских солдат, политических деятелей Храма, священные писания — Закон, Пророков и литературу Премудрости, включая Книгу Притчей, — а также его взаимодействие с семьёй, друзьями и противниками. Он не является романтическим творцом современной эпохи, сосредоточенным на развитии своих художественных талантов в максимально возможной степени в зачастую враждебной среде, а скорее творцом, использующим своё искусство и свой художественный авторитет для содействия своей миссии: продвижение истинного «Царства Божьего» на земле.

Примечательно, что Иисус мог продолжать рассказывать притчи вплоть до своего последнего ареста в Иерусалиме, потому что, как отмечает Маслоу:

> У нас никогда не возникнет желания сочинять музыку, или выстраивать математические системы, или заниматься украшением своего жилища, или нарядно одеваться, если большую часть времени наш желудок пуст, или же мы постоянно умираем от жажды, или если нам угрожает приближение катастрофы, или если нас все ненавидят [Ibid.: 69].

Однако творческий процесс Иисуса не только продолжался, но и становился интенсивнее, что видно из всё более жёстких образов в его последних притчах, когда ему «угрожало приближение катастрофы», ибо Евангелия указывают, что он знал о своей близкой смерти. Хотя не «все ненавидели» его, многие из влиятельных людей действительно испытывали к нему ненависть.

Маслоу утверждает, что здоровые, самоактуализирующиеся люди воспринимают реальность более точно и непосредственно: это проявляется «...прежде всего в недюжинной способности обнаруживать фальшь и нечестность, и в целом верно и эффективно судить о других людях» [Ibid.: 203]. Они также не боятся «таинственного», как многие другие; напротив, они «в равной мере не чувствуют угрозы со стороны неизвестности и не пугаются её» [Ibid.: 205]. Иисус, похоже, соответствует этим описаниям. Он обладал способностью понимать характер и мотивы своих противников, что некоторые готовы объяснить тем, что он — Сын Божий, но Маслоу предполагает, что такое точное понимание людей и ситуаций, в которых они находятся, не обязательно должно быть сверхъестественным. Что касается «тайны», Иисус, по-видимому, понимал, что многое о «Царстве Божьем» невозможно полностью раскрыть его слушателям. Складывается впечатление, что он пытался донести до слушателей, в особенности через свои художественные притчи, ключевые моменты реальности, о которой он говорил, но что он также многое скрывал, потому что его последователи часто не были готовы понять даже самые основы.

Некоторые утверждали, что Иисус был либо гением, либо, в духовном смысле, «Сыном Божьим», либо безумцем, что можно было бы трактовать как психотическое существование в двух реальностях — то в деревнях и городах Палестины, то в Царстве Божьем. Вся его жизнь, однако, не была жизнью утратившего связь с реальностью безумца, которого следует держать на цепи, поскольку он представляет опасность для себя и других. Евангелия показывают, что Иисус исцелял таких душевнобольных людей (например, Мк. 5:1–20), которых считали одержимыми демонами. Также евангелия сообщают, что некоторые из врагов Иисуса обвиняли его в том, что в него «вселился бес» (Ин. 7:20, 8:48–49, 10:20), но вся его жизнь опровергает это обвинение. Иисус соответствует критериям самоактуализированного человека по Маслоу:

> Самоактуализация, достижение полноты развития и реализация потенциала организма более сходны с ростом и созреванием, нежели с формированием привычек или общением за вознаграждение; иными словами, это не приобретается извне, а скорее является развёртыванием изнутри того, что, в тонком смысле, уже есть [Maslow 1954: 296].

Иисус проявил творческую самоактуализацию, в то же время продолжая мудрое общение и постоянно ведя правильную, праведную жизнь.

В таком случае здоровая самоактуализация также возможна для последователей Иисуса, как она была возможна для него самого, поскольку он мог полностью проявлять свой творческий потенциал, при этом в итоге выполнив свою миссию. Даже те постоянно возникавшие во время его земной жизни обстоятельства, которые, на первый взгляд, отвлекали его от его цели: необходимость исцелять (например, женщина, страдавшая кровотечением, и дочь Иаира [Мк. 5:21–43]), вести разговоры с людьми (например, с Никодимом ночью [Ин. 3:1–17] или самаритянкой у колодца [Ин. 4:7–26]), а также его ученики, отчаянно нуждавшиеся в объяснениях его притч, — всё это не могло помешать ему или отвлечь его от его миссии; все эти обстоятельства просто становились её частью благодаря его полной сострадания, мудрой реакции на проблемы людей. Таким образом, Иисус, проявляя сострадание и мудрость во множестве различных ситуаций, сам был наглядным примером образа жизни «в страхе Божием».

Его художественный метод — притчи, в отличие от его образа жизни, не был заимствован его учениками или учениками учеников при написании остальных книг Нового Завета, даже несмотря на то, что они многократно слышали его рассказы либо непосредственно от него, либо читали записи, представленные в Евангелиях от Матфея, Марка и Луки. Это может показаться странным упущением, если бы создание притч было простой задачей, ведь они, по-видимому, были основным методом научения, которым пользовался Иисус. Однако создание хороших, увлекательных, заставляющих задуматься притч далеко не так просто. Ф. Кафка и А. Трокме добились определённого успеха в своих произведениях «Parables and Paradoxes» и «Angels and Donkeys» соответственно, но они не были столь успешны, как Иисус, — такая оценка основана на том, насколько часто читают рассказанные им истории, а также на множестве посвящённых им проповедей, гомилий и комментариев. Например, даже американский Закон доброго самаритянина содержит отсылку к герою одной из притч Иисуса.

Прежде чем анализировать одну притчу Кафки и одну притчу Трокме, мы вновь обратимся к притче Иисуса о богатом человеке и Лазаре, и рассмотрим её с художественной точки зрения.

> Некоторый человек был богат, одевался в порфиру и виссон и каждый день пиршествовал блистательно. Был также некоторый нищий, именем Лазарь, который лежал у ворот его в струпьях и желал напитаться крошками, падающими со стола богача, и псы, приходя, лизали струпья его. Умер нищий и отнесен был Ангелами на лоно Авраамово. Умер и богач, и похоронили его. И в аде, будучи в муках, он поднял глаза свои, увидел вдали Авраама и Лазаря на лоне его и, возопив, сказал: отче Аврааме! умилосердись надо мною и пошли Лазаря, чтобы омочил конец перста своего в воде и прохладил язык мой, ибо я мучаюсь в пламени сем. Но Авраам сказал: чадо! вспомни, что ты получил уже доброе твое в жизни твоей, а Лазарь — злое; ныне же он здесь утешается, а ты страдаешь; и сверх всего того между нами и вами утверждена великая пропасть, так что хотящие перейти отсюда к вам не могут, также и оттуда к нам не переходят. Тогда сказал он: так прошу тебя, отче, пошли его в дом отца моего, ибо у меня пять братьев; пусть он засвидетельствует им, чтобы и они не пришли в это место мучения. Авраам сказал ему: у них есть Моисей и пророки; пусть слушают их. Он же сказал: нет, отче Аврааме, но если кто из мертвых придет к ним, покаются. Тогда [Авраам] сказал ему: если Моисея и пророков не слушают, то если бы кто и из мертвых воскрес, не поверят (Лк. 16:19–31, Синодальный перевод).

Рассказ Иисуса насыщен событиями, кадры стремительно сменяют друг друга: мы представляем себе богато одетого человека, принимающего гостей из высших слоёв общества в своём роскошно обставленном доме. Все они проходят мимо тощего как скелет, покрытого гноящимися язвами и едва одетого нищего Лазаря, лежащего у ворот. Нищий надеется «напитаться крошками, падающими со стола богача», или, возможно, даже получить немного денег, и он вынужден терпеть бродячих собак, которые лижут его язвы (собак, по всей вероятности, не слишком дружелюбных, учитывая, что в эпоху Иисуса собаки не были милыми домашними животными). Наконец, Лазарь умирает, и, хотя в притче об этом не говорится, вероятно, его похоронили на кладбище для бедняков.

И вот Иисус переносит слушателей из человеческой реальности в духовный мир, где умершие воскресают и обретают новую, иную жизнь. Нищий Лазарь оказывается «на лоне Авраама» — выражение, не совсем понятное современному читателю. Вероятно, Иисус здесь рисует образ, отсылающий к обычаю «возлежания за столом» во время важных трапез, который, например, описан в Евангелии от Иоанна, где ученик Иоанн действительно «возлежал у груди Иисуса» (Ин. 13:23, Синодальный перевод). Таким образом, Лазарь теперь занимает почётное место рядом с праотцем Авраамом и имеет в изобилии пищу на великолепном небесном пиршестве. А богач, напротив, оказывается в «аду», испытывает жажду и страдает от жары в «этом пламени». Его просьба, обращённая к Аврааму, показывает, что этот богатый человек до сих пор не осознал своего нового положения, так как он не обращается к Лазарю напрямую, а умоляет Авраама, более близкого ему по социальному статусу, послать Лазаря облегчить его страдания. Когда Авраам отвечает, что это невозможно, богач вновь проявляет своё прежнее, теперь уже лишённое всяких оснований, чувство превосходства, прося Авраама отправить Лазаря к его ещё живым братьям, чтобы предупредить их об ожидающей их в вечности ужасной участи. Таким образом, высокомерие богача остаётся неизменным, несмотря даже на его страдания в загробной жизни.

Вместо того чтобы отослать Лазаря с его почётного места рядом с Авраамом, чтобы выполнить поручение, патриарх терпеливо объясняет богачу, что его новая реальность была предопределена его прежней жизнью прежде смерти и погребения. На этом Иисус мог бы завершить свой рассказ, но, как он часто делает в других притчах, он усложняет эту, вводя два новых обстоятельства: существует «огромная» пропасть между небом и адом, и даже возвращение мертвеца из загробной жизни, вероятно, не сможет изменить образ жизни пятерых братьев богача, поскольку вся их семья, без сомнения, была воспитана в убеждении, что они лучше нищих, просящих милостыню у их дверей. У них есть Закон (заповедь Моисея любить ближнего, как самого себя [Лев. 19:18]) и Пророки (например, Амос 4:1), чтобы направлять их, но они остаются равнодушными к этим словам.

Комментаторы отмечают, что это единственная притча, в которой Иисус использует имя собственное, и примечательно, что оно принадлежит нищему, а не богачу. Имя «Лазарь» или «Елеазар» означает «Бог помогает мне» [Stern 2006: 230], и эта история однозначно демонстрирует, что Бог помог этому просящему. Эта радикальная история бросает вызов существующему социальному порядку, где само собой разумеется существование богатых людей и людей, живущих в нищете. Вместо чёткого предписания закона, подобного книге Левит, или пламенных пророческих обвинений, Иисус рассказывает интересную историю с яркими образами, которые пробуждают воображение его слушателей. Богатый человек вполне мог считать себя «мудрым» в соответствии с Книгой Притчей, вполне заслужившим свой статус и богатство, и, возможно, даже считать, что Лазарь каким-то образом заслуживает своих страданий. Но Иисус показывает, что сострадание к изгоям общества превосходит подобного рода мудрость. Рассказывая красочную историю, Иисус переосмысливает мудрость в «Царстве Божьем», не прибегая к теоретическим, абстрактным определениям, строгим юридическим постановлениям или пламенным поэтическим обличениям. Его умение использовать яркие образы, включая уместный (по крайней мере, в загробной реальности) диалог между Авраамом и богачом, а также намёки на то, что происходит в загробной жизни, должно было произвести глубокое впечатление на его слушателей, а впоследствии читателей, побуждая их либо отвергнуть, либо принять скрытое нравственное послание, заложенное в этой истории: проявляйте деятельное сострадание к бедным в этой жизни, чтобы быть готовыми к жизни в воскресении, ибо это угодно Богу и его патриархам.

Теолог С. Шнайдерс хорошо объясняет с богословской, но также и с литературно-критической точки зрения, что происходит, когда хорошие притчи пробуждают воображение и духовность тех, кто их слушает или читает:

> Во-первых, образы воображения **динамичны** [sic], а не статичны. Образ представляет собой напряжённое единство, благодаря которому воображение воспринимает как целое то, что рассеяно в опыте [Schneiders 1999: 103].
>
> Во-вторых, образы **развиваются и функционируют герменевтически** [sic]. На появление образа часто указывает выражение вроде: «Я начинаю понимать общую картину». Человек начинает интуитивно понимать или делать логический вывод о наличии связи «часть-целое» между разрозненными фактами и событиями, и возникающее целое освещает эти детали, в то время как новые значимые части формируют целое [Ibid.: 103–104].
>
> В-третьих, образы **никогда не бывают полностью сформулированными и ясно тематизированными** [sic]. Образ — это не ментальное построение, которое можно завершить и таким образом адекватно представить реальность. Образы воображения обретают плоть во взаимодействии с реальностью. Образ и реальность взаимно интерпретируют друг друга в бесконечных и углубляющихся спиралях [Ibid.: 104].
>
> В-четвёртых, образы **одновременно действуют в отношении всех трёх времён** [sic]: прошедшего, настоящего и будущего. Воображение освобождает «застывшее» содержание памяти в свете намерений и текущего опыта <...> работа воображения разрушает окостеневшие образы из прошлого, которые контролировали чувства и отношения, и преобразует их в новые образы, меняющие интерпретацию реальности <...> И воображение работает с *настоящим*, постоянно развивая образы, через которые мы организуем и интерпретируем наш текущий опыт [Ibid.: 104–105].
>
> Наконец, образы воображения **наполнены эмоциями** [sic] <...> Те, кто занимается пасторской деятельностью на индивидуальном уровне, быстро понимают, насколько глубоко духовная жизнь человека контролируется его образом Бога. Фактически, только когда эмоции, неотъемлемо присущие образу, начинают проявляться как сознательный опыт, человек оживает духовно для Бога, который перестаёт быть абстракцией и становится реальным [Ibid.: 105].

Скорее всего, аудитория Иисуса переживала все эти стадии: динамичные новые образы, интегрирующиеся с прошлым пониманием Бога и «Царства Божьего», непрерывная реинтерпретация реальности, когда притча воспринимается в разные периоды жизни слушателя, а также эмоциональный и духовный отклик на то, кем действительно является Бог, что он на самом деле ценит, и даже чего можно ожидать в загробной жизни.

Важно отметить, что притчи Иисуса адресованы каждому отдельному человеку среди его слушателей, а не всем им вместе. Его цель — изменить характер каждого конкретного человека к лучшему. Он не призывает к религиозной или политической революции, осуществляемой сплочённой, согласованной группой последователей и поддерживаемой при помощи жёсткой иерархической структуры. Церковь, которая возникла после смерти Иисуса, действительно произвела революцию в западной культуре и институционализировала веру и учение, преподанное Иисусом, но, когда он учил людей при помощи своих притч, не это было его непосредственной целью.

Р. Альтер, литературный критик и известный переводчик Еврейской Библии, отмечает, что «оригинальные литературные произведения... сами по себе являются мощными средствами подрыва, направленными против разнообразных целей: преобладающих убеждений и идеологий, устоявшихся социальных и моральных установок, литературных традиций» [Alter 1989: 14]. Притчи Иисуса оригинальны и в самом деле намеренно подрывают отношение его слушателей к этике и духовности, поскольку они представляют собой нетрадиционный литературный жанр, отличный от законов, пророческих речей и кратких изречений Еврейской Библии. Однако притчи остаются традиционными в своём использовании того, что Альтер описывает как «чрезвычайную экономичность библейского повествования» [Ibid.: 30]. Например, всего в нескольких словах притча о Лазаре представляет слушателю два мира (земной и небесный), трёх персонажей (о которых говорится совсем кратко, их характеры не разработаны, что типично для героев притч Иисуса) и заставляющий задуматься финал (в котором говорится о пропасти между земной и загробной жизнью, а также о пяти неверующих братьях). Это приводит к «уходу от семантической завершённости» [Ibid.]. Таким образом, Иисус, как мастер художественного слова, с определённой этической и духовной миссией вновь и вновь успешно создаёт «литературный текст... конструирование "мира" — переосмысление через язык... элементов опыта с целью выражения определённого ви́дения понимания этих элементов или их интуитивного восприятия» [Ibid.: 48].

Следует уделить некоторое внимание языку притч Иисуса. Вероятно, он рассказывал их на разговорном арамейском языке, возможно, цитируя стихи из Еврейской Библии по-еврейски, однако до читателей его притчи дошли на разговорном греческом языке, таким образом уже подвергшись влиянию античной культуры, воплощённой в этом языке. Люди, говорившие на греческом языке, находились под интеллектуальным влиянием великих мыслителей Греции, таких как Сократ, Платон, Аристотель и другие. Это ставит вопрос о том, почему последователи Иисуса, записавшие его притчи десятилетия спустя после его смерти, выбрали именно этот язык, который, возможно, даже не был родным для некоторых из них, например для Матфея и Марка, если они в самом деле были авторами Евангелий, надписанных их именами.

Ответ на этот вопрос может заключаться в эстетическом выборе, подобном тому, что принял Ч. Ачебе, лауреат Нобелевской премии и автор романа «И пришло разрушение...», рассказывающего о принуждении нигерийского племени к переходу к образу жизни западных колонизаторов. Если бы Ачебе написал свой роман на языке своего племени, на своём родном языке, то его народ, безусловно, оценил бы его, но послание о жестокости западной колонизации и вызванной ею травме не достигло бы самих колонизаторов. Поэтому он написал свой роман на английском языке, на языке, который он обязан был выучить и использовать, учась в британской образовательной системе как в Нигерии, так и в Соединённом Королевстве. Точно так же, если бы авторы Евангелий записали притчи Иисуса на языке оригинала, арамейском, то их смогли бы понять и оценить все те, кто говорил на этом языке в Палестине, но вновь обращённые в христианство язычники остались бы в неведении. Таким образом, выбор языка для записи этих историй отражает цель их редакторов.

Неизвестно, говорил ли Иисус на греческом или латинском, помимо арамейского и иврита. Очевидно, некоторые из его последователей были достаточно образованными, чтобы донести до нас эти истории, в которых иногда встречаются еврейские имена и арамейские слова, переведённые или объяснённые для удобства слушателей и читателей этих притч. Важно помнить, что здесь также применимо основное правило сравнительного литературоведения: «каждый перевод — это интерпретация». Читатели притч Иисуса могут выучить греческий язык, но они всё равно не услышат первоначальных слов Иисуса на арамейском; они были переведены и, возможно, интерпретированы другими людьми. Тем не менее эти слова всё ещё способны оказывать достаточно мощное воздействие — даже несмотря на интерпретацию, неизбежно возникающую при переводе, — чтобы затронуть значительно более широкую аудиторию, чем только жители родины Иисуса. Таким образом, сам выбор языка притч отражает идею принятия «чужаков» в его новое «Царство Божье». На это указывало уже включение Иисусом энергичных женщин в качестве действующих лиц его притч, превращение презираемого самаритянина в героя одной из самых известных его историй, а также то, что он рассказывал свои истории под открытым небом и в домах, зачастую вдали от Храма, в который запрещено было входить иноземцам и в котором женщинам нельзя было приближаться к Святая святых.

Как и в случае с любым другим великим литературным произведением, переведённым с одного языка на другой, сила притч Иисуса по-прежнему способна проявиться через их структуру и через художественное мастерство, заложенное в них автором. Альтер отмечает:

> Литературная структура оказывается формой смысла — упорядочением звуков, образов, мотивов, идей, воображаемых событий и персонажей в созвездия, которые в процес-

се чтения делают концепцию автора, характер изображаемых объектов видимыми для глаз воображения, осязаемыми в пульсации опыта [Alter 1989: 170].

Эта мысль будет далее проиллюстрирована нами в анализе одной притчи, написанной еврейским агностиком Ф. Кафкой, и одной притчи, созданной глубоко верующим христианским пастором А. Трокме: притча Кафки была написана в начале XX века, а Трокме рассказывал свои истории во время Второй мировой войны.

Вот русский перевод одной из притч Кафки, написанной им на немецком языке:

> Он свободный и защищённый гражданин земли, ибо посажен на цепь достаточно длинную, чтобы дать ему доступ ко всем земным пространствам, и всё же длинную лишь настолько, чтобы ничто не могло вырвать его за пределы земли. Но в то же время он ещё и свободный и защищённый гражданин неба, ибо посажен ещё и на небесную цепь, рассчитанную подобным же образом. Если он рвётся на землю, его душит ошейник неба, если он рвётся в небо — ошейник земли. И тем не менее у него есть все возможности, и он это чувствует; более того, он даже отказывается объяснять всё это первоначальной оплошностью[1].

Эта притча является комментарием к притче Иисуса о Лазаре и богатом человеке, независимо от того, имел ли Кафка в виду такую связь между двумя текстами, или нет. Растерянный, разочарованный, но всё же на каком-то уровне стремящийся уверовать чешский еврей говорит, что человеческие существа были сотворены «посаженными на цепь», прикованными к двум мирам, которые описывает Иисус: земному и небесному. Человек может полностью исследовать земные пространства, максимально пережить земные ощущения, но не войти в область загробной жизни, всё это время чувствуя, что «его душит ошейник неба», утяжеляя его земную жизнь.

---

[1] Кафка Ф. Афоризмы. См. URL: https://libcat.ru/knigi/proza/klassicheskaya-proza/2642-3-franc-kafka-aforizmy.html (дата обращения: 05.05.2025).

У нас вызывает фрустрацию описанная Иисусом пропасть, подобная разрыву между «пределами земли» и «небом» у Кафки, поскольку земные существа не могут достичь неба, но всё же страдают из-за цепи, привязывающей их к небу. В изображении Кафки его «защищённый гражданин мира» одновременно является «защищённым гражданином Небес», каким-то образом связанным с обоими мирами. Современный секулярный писатель в своей истории воспринимает это небесное гражданство как само собой разумеющееся, не изображая «Ада», в котором оказался богач из притчи Иисуса. Переосмысление положения человека в мире, сделанное Кафкой, постулирует реальность сразу двух проблем: связь человека с двумя мирами одновременно, что приводит к страданию, вызванному внутренним психологическим осознанием этих оков, а также реальная возможность того, что эта дилемма могла возникнуть из-за «первоначальной оплошности». Притча Кафки останавливается на грани прямого вопроса к Творцу, который, возможно, совершил ошибку, создав это мучительное состояние двойных оков, которые удерживают человека. Через эту лаконичную, поразительную историю Кафка раскрывает дилемму светского агностика, которого всё ещё преследуют иудейско-христианские отголоски реального существования загробной жизни.

На задней обложке английского издания 1966 года сборника «Parables and Paradoxes» издательства Schocken размещены слова У. Х. Одена: «Кафка — великий, возможно, величайший мастер притчи». Читателю предстоит решить, превосходят ли притчи Кафки притчи Иисуса в художественном плане, но подобная похвала, по крайней мере, указывает на то, что Кафка сумел запечатлеть тревогу агностиков, которые одновременно отвергают веру в Бога и ищут её.

Притча пастора Андре Трокме под названием «Гостеприимство» первый раз была рассказана на французском языке прихожанам протестантской церкви в Ле Шамбон-сюр-Линьон, Франция [Trocmé 1998: 1], в начале 1940-х годов, на Рождество. Эта притча слишком длинна (десять страниц), чтобы быть полностью воспроизведённой в этой книге, но краткое содержание её таково: действие происходит в самаритянской деревне времён Иисуса, а главным персонажем выступает злобная вдова, живущая на небольшом расстоянии от города. Трокме использует лейтмотив «ненависти» для её характеристики: «Она ненавидела мужчин, так как её давно умерший муж бил её. Она ненавидела женщин, потому что кто-то из них оклеветал её и некогда завидовал ей. Она ненавидела детей, потому что у неё никогда не было своего ребёнка. Всё, что у неё было для выживания, — это коза, шерстяное покрывало, сыр и кусок хлеба» [Ibid.: 94]. Однажды ночью к ней в дом постучалась еврейская пара с младенцем. Они искали убежища, тепла и еды. И, предсказуемо, полная ненависти самаритянка отказала им, но тут она заметила спящего младенца. Тогда она открыла им дверь и нехотя отдала им свой сыр, хлеб, покрывало, козье молоко, а в конце концов и саму козу, восклицая: «Это уже слишком... Вы забрали мою еду, моё покрывало, а теперь хотите забрать и мою козу! Вы, наглые и навязчивые евреи, раз уж вы здесь, можете забрать и мой домик и выгнать меня вон!» [Ibid.: 47–48].

Чтобы процитированные выше слова не выглядели как нападки на евреев, стоит помнить, что вся деревня Ле Шамбон-сюр-Линьон и окружающие её деревни были удостоены в 1988 году почётного звания Яд ва-Шем за героическое спасение евреев, бежавших от преследований последователей Гитлера [Desaix, Ruelle 2007: 242]. В то время как притча Кафки отражает экзистенциальную тревогу секулярных жителей западного мира, притча Трокме подчёркивает необходимость оказания гостеприимства еврейским беженцам, которым нужна помощь просто для того, чтобы выжить:

> На протяжении четырёх лет нацистской оккупации Франции практически все восемь тысяч жителей этой местности активно действовали ради одной цели: спасения евреев от уничтожения. Ни один из жителей Протестантской горы не предал ни одного из беженцев. К концу войны они спасли как минимум три тысячи пятьсот евреев, а также около тысячи пятисот других беженцев [Ibid.: 241–242].

В этом контексте оказывается, что притча Трокме переворачивает слова вдовы, исполненной обиды на мир, поскольку, странным образом, после того как она укрывает этих путников в своём скромном жилище на одну ночь, на следующее утро, провожая их, она чувствует радость: «Никогда раньше она не была так довольна. Она переживала радость, знакомую тем, кто отдаёт всё и ощущает удивительную свободу от земных вещей» [Trocmé 1998: 48].

Однако другие самаритяне, жившие в той деревне, обвиняют странствующую пару с ребёнком в краже козы и покрывала, которые они опознают как принадлежащие старой женщине. С камнями в руках, готовые убить этих людей, которых они считают ворами, люди в толпе останавливаются, глядя на спящего младенца на руках у матери [Ibid.: 50]. Впоследствии мясник дарит вдове двух коз, ткач благодарит её за поступок, подарив два одеяла, учитель приносит ей две головки сыра и два кувшина муки, а ростовщик предлагает поселить её в маленьком домике рядом со своим садом [Ibid.: 52]. Хотя об этом не говорится прямо в тексте Трокме, мирное присутствие этого ребёнка — очевидно, младенца Христа — вызывает глубокое сочувствие у всех, кто его видит, даже у самаритян, которые традиционно ненавидели евреев.

В концовке этой притчи говорится о долговременных последствиях произошедшего — об изменении отношения жителей этой деревни к жизни:

С момента, как старая женщина прошла через ворота, всё изменилось в самаритянской деревне. Она принесла с собой свободу от привязанности к вещам и дух щедрости, который распространился среди всех жителей деревни. Люди, которые раньше были так увлечены зарабатыванием денег, научились помогать друг другу и нашли большое удовольствие в том, чтобы делать подарки. Совет старейшин решил больше не закрывать ворота деревни на ночь. Они отменили все пошлины; более того, они открыли постоялый двор, где все путешественники могли остановиться бесплатно... Согласно легенде, — хотя я ничем не могу её подтвердить, — в том же году в этой деревне родился младенец. Позже он стал известен как Добрый самаритянин [Ibid.: 53].

Таким образом, подобно Иисусу, Трокме в своей притче показывает силу Христа как источника сострадания, который меняет не только ожесточённую старую женщину, но и целый город. Также он подражает стилю Иисуса, используя минимальную характеристику главных героев своей истории и вводя повторы, как уже было отмечено в нашем кратком пересказе притчи и в цитатах из неё. Кроме того, рассказчик остроумно связывает молодого горожанина из своей истории с добрым самаритянином из притчи Иисуса, таким образом одновременно вновь повторяя и разъясняя, что значат слова «люби ближнего своего, как самого себя».

Иисус, Кафка и Трокме понимали, каким сильным средством может быть притча, способная глубоко затронуть слушателей и читателей как на когнитивном, так и на эмоциональном уровне. Очевидно, персонажи Иисуса незабываемы, что подтверждается тем, что Добрый самаритянин появляется в финале притчи Трокме «Гостеприимство», написанной примерно через девятнадцать столетий после создания этого героя. Как и в Книге Притчей, объединяющей нитью притч Иисуса является верное следование воле Божьей в праведной жизни, что позволяет уже сейчас обитать в «Царстве Божьем». Таким образом, искусство Иисуса не было поверхностным или нацеленным на «самореализацию». Оно было творческим выражением совершенной самоактуализирующейся личности, служащей своему господину — Богу, к чему он побуждал и своих слушателей. Бог создал мир; Иисус создал притчи, чтобы наполнить мир преданными Богу праведниками, а не для того, чтобы самому стать знаменитым автором художественных произведений. Его притчи стремятся преодолеть то противоречие, которое переживает посаженный на цепь герой Кафки, ибо притчи Иисуса объединяют земной мир и небесный мир и показывают, как жить в обоих мирах одновременно, пока Бог не призовёт человека с земли на небеса.

Глава восьмая
Почему Иисус опирался на Книгу Притчей?

Книга Притчей обращена как к готовым учиться взрослым, стремящимся достичь зрелой мудрости и, возможно, самим стать учителями, так и к юным ученикам — юношам, которых соблазняют бандиты и обольстительные женщины. Пролог книги, Притч. 1:1–7, был, вероятно, добавлен к тексту уже после того, как были собраны самые основные изречения, и в нём содержится наставление стремиться к большему, чем просто заучивание текстов и слепое повиновение им, а также старейшинам, которые пользовались этими небольшими рассказами или лаконичными поэтическими изречениями в процессе обучения. Перевод Притч. 1:1–6, выполненный М. Фоксом, подчёркивает, что от ученика требуется гораздо более глубокое научение, чем просто механическое запоминание и автоматическое подчинение правилам:

1.1 Притчи Соломона, сына Давидова, царя Израиля,
1.2 (для того, чтобы) [sic]
   учиться мудрости и дисциплине,
   понимать слова разумения
1.3 усваивать дисциплину проницательности:
   праведности, справедливости и честности,
1.4 даровать неопытным острый ум,
   а молодым — представление
   о предусмотрительности [mᵉzimmah].
1.5 Пусть мудрый слушает и обогащает своё наставление,
   а проницательный обретает руководство.
1.6 Чтобы понимать изречения и эпиграммы [mᵉliṣah],
   слова мудрых и их загадки [Fox 2010: 53].

Такой тип мудрости носит целостный характер: он требует как самодисциплины, необходимой для проявления мудрости в действиях, так и постоянного поиска «понимания», которое разовьёт этические качества, такие как «праведность, справедливость и честность». Кроме того, изучение Притчей способствует развитию «острого ума» и «предусмотрительности» — своего рода внутреннего стратегического мышления, которое позволяет сохранять намерения в тайне до момента, когда носитель этого плана сам захочет их раскрыть. М. Фокс описывает эту интеллектуальную способность следующим образом:

> Согласно Книге Притчей, обретённые навыки должны применяться к достойным целям, включая законное получение прибыли. Особая функция $m^e zimmah$, «предусмотрительности», состоит в том, чтобы позволять человеку руководствоваться собственным разумением и держаться своих мыслей. Придавая человеку независимость, $m^e zimmah$ защитит его от искушений со стороны нечестивых мужчин и женщин (Притч. 2:11, 5:2). Когда они попытаются увлечь его на свои пути, он сможет обратиться внутрь себя, сохранить независимость в своих целях и устоять перед их соблазнами [Ibid.: 61].

Наконец, читатель или слушатель этой книги должен трудиться над пониманием «изречений и эпиграмм», вторые из которых, по предположению Фокса, связаны с притчами-историями. Он признаёт, что значение слова $m^e lisah$, переведённого как «эпиграмма», остаётся неопределённым [Ibid.: 63]. Фокс отмечает, что Септуагинта в Сир. 47:17 переводит это слово как *parabolais*, «притчи» или «параболы» [Ibid.], и подробно рассматривает этимологию этого слова:

> Более вероятно <...> слово $m^e lisah$ можно вывести от корня l-y-ṣ, как в причастии породы Hiph'il $m\bar{e}lis$, означающей 'посредник/ходатай/переводчик'. Это показывает, что омонимичный корень *l-y-ṣ* 'опосредовать' может образовывать слова, связанные с облегчением общения. Возможно, $m^e lisah$ — это «изречение, которое выражает вещи иными словами», то есть троп [Ibid.: 64].

Возможно ли, что Иисус переформулировал «изречения» из Книги Притчей, не только «иными словами», как «тропы» — фигуры речи, но и как рассказы, а именно — притчи?

Иисус стремился проникнуть глубоко в сердца и умы своих слушателей, изменяя их установки, ценности и, по сути, их совесть. Цель «книги *mešalim*» [Ibid.: 54], то есть притч-изречений, заключается в том, чтобы «служить моделью более широкой реальности; она носит притчевый характер, поскольку вовлекает слушателя в оценку самого себя» [Polk 1983: 569]. Именно оценки самого себя и последующих изменений к лучшему добивался Иисус как рассказчик. Народные изречения (поговорки) существовали на протяжении столетий, но не произвели глубоко думающих людей, принимающих этически обоснованные решения. Возможно, требовался новый жанр, показывающий этические дилеммы в ситуациях из реальной жизни, с которыми слушатели из разных слоёв общества могли бы себя идентифицировать, не переживая подобных проблем лично. Фокс отмечает, что ни одна из древних книг мудрости «не рассказывает, как именно проникнуть в суть написанного и интерпретировать его. Очевидно, достаточно читать эти книги с желанием понять и усвоить прочитанное, и навык будет расти с практикой» [Fox 2010: 78].

В начале своего служения Иисус произносит Нагорную проповедь, которая по форме напоминает изречения древности. У. Э. Олбрайт и К. С. Манн отмечают: «Сборник высказываний, известный как Заповеди блаженства, можно справедливо назвать духовной хартией Царства [Небесного]. Форма, которую принимают отдельные стихи, хорошо известна из Псалмов, Притчей и Екклесиаста» [Albright, Mann 2011: 47]. Эти стихи (Мф. 5:3–12, Лк. 6:20–23), как и многие изречения Книги Притчей, легко запоминаются, однако проблемой остаётся то, как претворить в жизнь, например, наставление быть «нищими духом» (Мф. 5:3). Слушателям Иисуса нужны были истории, которые могли бы соединить притчу-изречение или заповедь блаженства с реальным жизненным опытом.

В отличие от древних изречений литературы Премудрости, притчи Иисуса представляют собой этические ситуации, кото-

рые могли как преобразить совесть слушателей до того, как они
согрешат, так и проявить личное стремление Иисуса принести
Царство Божие на землю; между этими двумя целями, по сути,
не было отличия. Тем не менее его притчи перекликаются
с «притчами»-изречениями древности тем, что являются «за-
гадками» (Притч. 1:6b), поскольку могут быть истолкованы
разными способами, и ни один из них не может быть признан
единственно верным. Они также напоминают древние изречения своей краткостью. Притчи Иисуса длиннее лаконичных
изречений Книги Притчей, и потому их сложнее запомнить
слово в слово, но они не настолько длинны, чтобы их содержание перепуталось в памяти слушателя: для них характерен
простой сюжет, который изложен с минимальными украшения-
ми или анализом персонажей, и этого достаточно, чтобы передать рассматриваемую в притче этическую дилемму. Лаконич-
ность и простая структура притч, вероятно, позволили им сохраниться близкими к первоначальным словам Иисуса во всех
евангельских версиях. Короткий рассказ, как и краткую притчу,
легче запомнить, чем длинную историю с многочисленными
боковыми ответвлениями сюжета, подобными тем, что созда-
вались сказителями или школами сказителей, которые пытались
включить в одно произведение множество мифов, традиций
и кое-что из истории народа, как, например, в древнем «Эпосе
о Гильгамеше».

Фокс называет слова Притч. 1:7 (Синодальный перевод):
«Начало мудрости — страх Господень; / Глупцы только презира-
ют мудрость и наставление» [Fox 2010: 53] «девизом» этой книги,
поскольку этот стих лежит в основе всех последующих изречений
и является необходимым условием для их понимания [Ibid.: 67–
68]. Он отмечает, что акцент на страхе Господнем не встречается
ни в одной другой «внебиблейской Мудрости» [Ibid.: 71]: «Его
важность в литературе мудрости — это израильская инновация,
которая показывает укоренённость израильской литературы
Премудрости в израильском мировоззрении вообще» [Ibid.].
Творческая мудрость Иисуса, выраженная в его притчах, содержит в себе этот фундамент «страха Господня» и развивает его

дальше. Этические чувства, мышление и действия рождаются из почитания Бога и уважения к тем, кто создан по его образу. Действовать мудро — значит прославлять Бога. Иисус понимает «страх Господень» как нечто гораздо большее, чем получение книжного образования, основанного на еврейском Писании. Его притчи показывают, как Писания претворяются в жизнь или, наоборот, преступаются. Иисус стремится достучаться до «глупцов» из Книги Притчей, которые могут ошибочно считать себя «мудрыми». Описанное в Части I выбивание из колеи слушателя притчи Иисуса оказывает куда более мощное воздействие, чем механическое запоминание притч, основанное на предположении, что такое обучение автоматически приведёт к положительному результату.

Подобно изречениям Книги Притчей, притчи Иисуса предлагают пути праведной жизни, но, в отличие от них, евангельские притчи ясно указывают на Бога как на Источник и Цель жизни на земле. Иисус нашёл творческий способ использовать мудрые изречения, включая, но также превосходя Закон и Пророков, которые были до него. Пророк Натан рассказал вымышленную историю, специально придуманную для того, чтобы показать царю Давиду его аморальное поведение (2 Цар. 12:1–7а). Иоанн Креститель говорил прямо и резко, называя людей грешниками и давая им указания, как им изменить свою жизнь к лучшему (Лк. 3:2–14). Как и Натан в отношении Давида, Иисус хочет, чтобы все его слушатели сами выбрали Бога и полноту жизни. Творимые им исцеления отражают это сильное желание, поскольку он часто спрашивает: «Чего ты хочешь от меня?» Обратившиеся к нему люди просят исцеления от слепоты, эпилептических припадков, глухоты и немоты, или проказы, или даже помощи для дорогого им человека, который не может сейчас быть возле Иисуса. Иисус никогда не исцелял сразу целые толпы народа, но только тех, кто подходил к нему за помощью и верил в неё — каждого человека по отдельности. То, что они решают обратиться к нему за помощью, свидетельствует как о вере в него как целителя, так и об их свободе действовать в соответствии со своей верой в то, что он действительно может им помочь. И вера, и свобода сильнее, чем рациональное доказательство существования Бога, поскольку человек, восприняв такое доказательство умом, легко может отказаться от него, по сути так и не переменившись. Вера и свобода обратиться за исцелением и затем получить его указывают на силу Бога; после исцеления люди часто решают продолжать верить в Бога и следовать за Иисусом, выражая благодарность за избавление от различных недугов.

Некоторые христиане связывают понимание Иисусом «страха Господня» с пророчеством из Исайи, которое, как они считают, предсказывало его приход:

> Но из корня срубленного древа Иессея взойдет молодой
> побег,
> от самого корня его произрастет новая ветвь плодоносящая;
> и пребудет на нем дух ГОСПОДЕНЬ,
> дух мудрости и разумения,
> благоразумия и силы,
> дух познания и страха ГОСПОДНЯ.
> Обретет он отраду в благоговении пред ГОСПОДОМ
> (Ис. 11:1–3).

Вера в то, что эти стихи являются пророчеством об Иисусе, хотя и носит суперсессионистский характер, может подтвердить, что Иисус из дома Иуды будет обладать исключительной мудростью и будет воплощением «страха Господня».

Иисус, возможно, понимал силу воображаемой ситуации, описанной в Притч. 1:11–14, где представлено довольно яркое поэтическое описание потенциального зла:

> Скажут они: «Пойдем с нами, притаимся в засаде, чтобы
> кровь пролить,
> без причины подстережем невиновных.
> Поглотим их живьем, как Шеол,
> целиком — как покойников могила.
> Награбим себе драгоценностей всяких,
> дома наполним добычей,
> Бросай жребий вместе с нами,
> общая будет у нас казна!»

Это краткое поэтическое повествование можно было бы легко превратить в остросюжетный фильм, изображающий грабителей, внезапно напавших на путника (подобного тому еврею, на которого напали грабители и которому помог добрый самаритянин), оставивших его умирать, а затем наслаждавшихся его «драгоценностями», которые будут распределены между членами шайки и наполнят их дома. Конечно, эти стихи обрамлены отеческим наставлением, предостерегающим не поступать таким образом («не соглашайся» (Притч. 1:10b) и «не ходи их дорогой» (Притч. 1:15а)), но направления действия гораздо сильнее увещеваний благодаря движущимся визуальным образам, которые они вызывают в воображении. Иисус как автор художественного текста мог рассказать историю во благо, которая также была наполнена действием и могла бы быть визуализирована шаг за шагом, подобно притче о добром самаритянине.

Раввины времён Иисуса уже использовали притчи, но это были истории, которые более подробно объясняли суть истины, содержащейся в Писании. Притчи Иисуса не были толкованиями конкретных афоризмов из Писания, а скорее самостоятельными историями, которые он сочинил, чтобы проиллюстрировать своё новое ви́дение «Царства Божьего». Поэтому они были (и до сих пор остаются) гораздо труднее для понимания, чем притчи раввинов. Тем не менее он мог использовать конкретные стихи из Книги Притчей как материал, который он творчески переосмысливал по-своему, например, наполненные действиями стихи из Притч. 1, упомянутые выше, а также те, что связаны с притчами, рассмотренными в первой части этой книги.

Иисус не стремился к тому, чтобы его притчи подменили собой продолжённую им традицию почитания Закона и Пророков, которые регулярно читались в синагогах. Скорее, притчи представляли его версию *Ктувим, Писаний*, включающих в себя литературу Премудрости Еврейской Библии, — книги Псалмов, Притчей, Иова и Екклесиаста, а также Песнь Песней, книгу Руфи, Плач Иеремии, книгу Есфири, книгу Даниила, книги Ездры-Неемии и Паралипоменон [Alter 2019: xi–xii]. Роберт Альтер объясняет:

Кажущееся на первый взгляд слишком общим название этой последней из трёх основных частей Еврейской Библии [Писания, *Ктувим*] на самом деле вполне точно отражает состав входящих в неё книг. Возможно, правильнее было бы перевести это название с еврейского как «Разнообразные Писания». Если Тора [Пять книг Моисеевых] относительно единообразна по жанру, а Невиим [Пророки] представляет собой сочетание двух различных блоков материала — один из которых повествовательный, а другой действительно пророческий, то *Ктувим* явно представляет собой сборник текстов самого различного рода [Ibid.: xliii].

Из первых четырёх книг *Ктувим* Псалмы и Екклесиаст были слишком широкими по охвату, чтобы создавать на их основе короткие повествования, а на книгу Иова уже повлияла Книга Притчей. Таким образом, короткие отрывки из древней Книги Притчей, к которой писцы добавляли материал на протяжении столетий, были более удобным материалом, строительными блоками, для творчества Иисуса, чем хвалебные песни Псалмов, диалоги Иова и его «утешителей» или экзистенциальный пессимизм Екклесиаста.

Например, упомянутый Фоксом «девиз»: «Страх Господень — начало мудрости» — повторяется в Псалме 103 (в русском переводе 102), однако он рассредоточен по всему тексту:

ибо как высоко небо над землею,
так велика милость [Господа] к боящимся Его;
как далеко восток от запада,
так удалил Он от нас беззакония наши;
как отец милует сынов,
так милует Господь боящихся Его (11–13 Синодальный перевод) [Ibid.: 240–241].

Милость же Господня от века и до века к боящимся Его,
и правда Его на сынах сынов,
хранящих завет Его
и помнящих заповеди Его, чтобы исполнять их (17–18 Синодальный перевод) [Ibid.: 241].

Эти стихи, безусловно, подчёркивают важность «страха Господня», но они не объясняют, что это значит; скорее, они показывают, насколько «страх Господень» угоден Богу, поскольку Бог отвечает тем, кто проявляет этот страх, великой милостью и состраданием. Это великолепное ободрение для «боящихся Бога», но в Псалме не найти определения или описания того, что именно означает эта фраза, и как «страх Господень» воплощается в повседневной жизни. Сочинённые же Иисусом истории предлагают ситуации из реальной жизни, которые заполняют разрыв между «страхом Господним» и его практическим воплощением в праведной жизни. Они также показывают, в чём может заключаться праведность, которая превосходит ту, что ожидалась от современников Иисуса.

Глава девятая
Как Иисус реагировал на традиционную мудрость притч?

Помимо того, что Иисус образно и творчески создавал свои притчи, вероятно, основываясь на определённых коротких изречениях из Книги Притчей, как было показано в Части I этой книги, он, перерабатывая написанное в Книге Притчей, также находился под влиянием этой книги и культуры, в которой она была написана. Значительная часть учения мудрости, зафиксированного в этой книге, была известна и распространена уже во времена написания книги Иова, так как «утешители» Иова повторяют её идеи, главная из которых состоит в том, что Бог благословляет тех, кто идёт по правильному пути, а тех, кто идёт по пути разрушения, Бог в итоге накажет в их собственных неверных решениях и их последствиях. Однако фигура Иова — исключение из этого правила, как и сам Иисус.

В истории Иова мы видим праведного человека — что признаёт сам Бог, — ставшего пешкой в споре Господа с Сатаной, Противником. Иов испытывает сильнейшую физическую, эмоциональную и душевную боль, которую его «утешители» считают наказанием от Бога за его предполагаемые грехи. Читатель или слушатель этого рассказа знает, что это не так. Также и Иисус, согласно ортодоксальному христианскому вероучению, — совершенный, безгрешный человек, который претерпел крайние страдания ради искупления грешного человеческого рода. Иисус, хотя и иным образом, чем автор или авторы книги Иова, показывает, что традиционная мудрость Книги Притчей неполна. Его оригинальные притчи представляют собой реакцию на главную тему этой книги; следовательно, он испытал её влияние, но в негативном смысле.

Р. Альтер отмечает, что три спутника Иова «самодовольно защищают» «традиционные моральные взгляды» и даже используют «знакомые формулировки, аналогичные тем, что встречаются во многих отрывках Псалмов и Книги Притчей» [Alter 2019: 460]. Однако поэт Иов, выражая свою мысль в решительном споре с Богом, «широко использует неожиданные семантические области для своих сравнений и метафор, обращаясь к ткачеству, агрономии, ручному труду, метеорологии, ремёслам, приготовлению пищи» [Ibid.: 462]. В результате книга Иова, по словам Альтера, «затмевает все остальные библейские поэтические тексты, оставаясь в той же формальной системе, но отличаясь по стилю — зачастую как лексически, так и образно — от других библейских текстов» [Ibid.: 457]. Иисус также предлагает радикально новый взгляд на взаимодействие Бога и людей, и потому он должен использовать язык и стиль, которые превосходят то, что было выражено в предшествовавшей ему литературе Премудрости. Его выбор — создать устные притчи в прозе, рассказывающие о современных ему людях, жизнь которых он мог сам наблюдать. Это было одновременно и крайне оригинальным, и в то же время оскорбительным для книжников и других учёных мужей еврейского народа, принадлежавших к его аудитории.

Чтобы выйти за рамки традиционной мудрости Книги Притчей, как её излагали так называемые «утешители» Иова, Иисус должен был взять на себя роль «автора», того, кто творчески создаёт новое ви́дение мира, называемое в данном случае «Царствием Божьим». Он привлекал внимание, потому что люди видели, что он выходит за пределы того, чему учили книжники (Лк. 4:36), которые редактировали Писания, но не осмеливались создавать новые тексты, чтобы добавить их к корпусу текстов, освящённых столетиями традиции. Предсказуемо, что сами книжники были больше всех оскорблены смелостью Иисуса — авторитетного создателя новых текстов.

Например, К. ван дер Торн отмечает, что «традиционные сборники, приписываемые известным царям, — это Псалмы и Книга Притчей» [Van der Toorn 2007: 36], хотя и признаёт, что утверждения о том, что, соответственно, Давид и Соломон были их авторами, являются «упрощениями» [Ibid.]. Он предполагает, что эти тексты были собраны книжниками на протяжении нескольких веков:

> ...она [Книга Притчей] начинается с заглавия, указывающего на Соломона как автора всей книги (Притч. 1:1). Однако при более внимательном рассмотрении Книга Притчей состоит из четырёх отдельных сборников (1–9, 10:1–22:16, 22:17–24:22, 25–29), каждый из которых имеет собственное название. Книга содержит «слова мудрецов» (Притч. 1:6, 22:17, 24:23); «Притчи Соломона» (Притч. 10:1); «Изречения Соломона, собранные людьми Езекии, царя Иудеи» (Притч. 25:1); а также, в приложениях, «слова Агура» (Притч. 30:1) и «слова Лемуила» (Притч. 31:1). Таким образом, приписывание всего сборника Соломону также является упрощением, основанным на образе этого царя как воплощения мудрости (3 Цар. 3:4–28, 5:9–14) [Ibid.: 37].

Учитывая, что Книга Притчей, хотя и была написана несколькими авторами, обладала высоким авторитетом, то сочиняемые Иисусом истории, основанные на зачастую лаконичных изречениях Книги Притчей и расширявшие их, возможно, воспринимались книжниками и им подобными людьми как нечто возмутительное: Иисус пытался стать новым Соломоном? Откровение, записанное в Законе и Пророках, уже было получено; знание истин, открытых в них, а также в литературе Премудрости, включавшей Книгу Притчей, было, без сомнений, достаточным, и канон был закрыт, как отмечает К. ван дер Торн:

> В период между 300 и 200 годами до н. э. писцы храмовой мастерской в Иерусалиме подготовили собрание книг Пророков, Псалмов и Книги Притчей для удовлетворения потребностей растущего класса грамотных мирян; предполагалось, что к этому сборнику уже не будут добавлены ника-

кие новые произведения; он предоставлялся в распоряжение
общественности для чтения в местных богослужебных со-
браниях, школах и частными лицами. В то же время храмовые учёные сформулировали доктрину о завершении эпохи
пророков. Согласно этому новому учению, после Ездры Дух
пророчества покинул Израиль. Считалось, что непосред-
ственное откровение Бога людям больше не происходит;
*отныне божественное озарение можно было получить
только через изучение Закона и Пророков* [Ibid.: 252].

Эти убеждения и установки наверняка вынудили Иисуса стать
«автором» — не только творческим гением, выражающим мудрость в своих притчах, но и тем, кто должен был говорить с авторитетом Соломона, фактически даже тем, кто заявлял о своём
праве на больший, чем у Соломона, авторитет, — что было
важно для того, чтобы текст был включён в Еврейскую Библию
(Мф. 12:42, Лк. 11:31).

Иисус столкнулся с разгневанными старейшинами Храма,
которые требовали сообщить им, кто дал ему право учить с такой
уверенностью в своём праве это делать:

Иисус вошел в Храм, и, когда Он учил [возможно, рассказывая притчи?], подошли к Нему первосвященники и старейшины и спросили: «По какому праву Ты делаешь это?
Кто дал Тебе эту власть?» «Спрошу вас и Я об одном, —
сказал им Иисус, — если вы ответите Мне, то и Я скажу вам,
по какому праву делаю это. Крещение, что Иоанн совершал,
откуда оно — от Бога или от людей?» Они стали рассуждать
между собой: «Если скажем: "От Бога", Он спросит: "Почему
же вы тогда не поверили ему?" Сказать: "От людей" — опас-
но перед толпой, ведь все Иоанна считают пророком».
«Мы не знаем», — ответили они Иисусу. И Он ответил им:
«Я тоже вам не скажу, по какому праву делаю это» (Мф.
21:23–27).

Таким образом, старейшины Храма прервали Иисуса, когда он
учил собравшийся народ, и при всех людях потребовали ответить,
кто дал ему право учить, притом что канон Писаний, в которых
было дано божественное откровение, был уже давно закрыт.

Их вопросы не отражали искреннего стремления к истине, но были вызовом дерзости странствующего проповедника, который, как им казалось, предлагал собственные добавления к уже установленным истинам.

Как настоящий раввин, Иисус ответил на обращённый к нему вопрос своим собственным вопросом, на который они отказались отвечать искренне; вместо этого они выбрали политически удобный ответ, чтобы не вызвать гнев толпы. В терминологии Книги Притчей вопрос Иисуса был, несомненно, «предусмотрительным». Иоанн Креститель, как указывалось в Части I, происходил из священнического рода. Хотя проводимое им служение в пустыне и совершаемые им крещения выглядели эксцентрично, он в силу своего происхождения имел право призывать своих слушателей к покаянию. В некотором смысле Иисус прикрывался этим правом, полученным Иоанном Крестителем если и не напрямую с небес, то согласно законам Торы, которых храмовые старейшины, по их собственным словам, придерживались. Правильным ответом на вопрос Иисуса было «от Бога», но эти священники и старейшины не посмели дать такой ответ, поскольку это означало бы, что право Иисуса учить народ также исходит «от Бога», так как Иоанн Креститель оказал ему решительную поддержку, сказав, что он «даже недостоин сандалии развязать у Него [Иисуса]» (Ин. 1:27).

Если бы священники и старейшины сказали, что служение Иоанна и совершаемое им крещение было «от людей», то они тем самым вызвали бы гнев простых людей, находившихся в тот момент среди слушателей Иисуса, которые, во всяком случае, почитали Иоанна как одного из потомков Левия и влиятельного проповедника. Таким образом, старейшины солгали, заявив: «Мы не знаем». Они действительно знали правильный ответ на вопрос Иисуса, но отказались говорить правду. Поэтому он отказался сказать им, по какому праву он учит народ. Его хитрая мудрость нейтрализовала их, по крайней мере на какое-то время.

Если понимать слово «прорицание» как «изречение», произнесённое человеком, который, как «считается, даёт вдохновлённые свыше ответы или откровения» [Merriam-Webster 2003], то притчи тоже являются прорицаниями — в том случае, если их слушатель верит, что Иисус — Сын Божий или хотя бы один из признанных пророков еврейского народа. Некоторые христиане отождествили Иисуса с пророком, обещанным Моисеем в книге Второзакония: «Он [Господь] явит вам пророка, подобного мне. Из вас, израильтян, он будет. Его слушайте!.. Я [Господь] пошлю им пророка, подобного тебе, Моисей, одного из братьев твоих, израильтян. Вложу в уста его слова Мои, и будет он говорить им всё, что Я повелю ему» (Втор. 18:15, 18). Пророчества могут иметь форму ясных повелений, подобных тем, что записаны в книгах Исаии и Иеремии, но они также могут быть таинственными или загадочными, требующими истолкования. Иисус избрал жанр притчи как способ изрекать пророчества — редко встречающийся жанр, по крайней мере для его еврейских слушателей, а возможно, и для его последователей-христиан, — и он часто давал объяснения о том, как следует понимать эти истории с нравственным посылом. Однако, как и любое великое произведение искусства, они могут нести в себе множество значений, одновременно давая пищу для размышлений и оставаясь источником радости для слушателей и читателей.

Иисус не стремился к литературной славе в современном смысле — как творческий гений, ищущий выражения своего таланта; скорее, через свои авторские притчи он расширял традиционное понимание мудрости. Его цель определённо была более этической, чем художественной. Однако эстетически приятные рассказы могли быть использованы как для того, чтобы привлечь внимание тех, кто считал, что они уже понимают мудрость, так и для того, чтобы побудить к размышлению о другом роде мудрости, отличной от той, которую они, подобно так называемым «утешителям» Иова, принимали ранее. Иисус приветствовал среди своих слушателей всех, кто готов был его слушать: тех, кто считал или не считал себя грешниками, богатых и бедных, евреев и язычников, мужчин и женщин.

М. Фокс в своём комментарии к Книге Притчей замечает, что изречения, содержащиеся в этой книге, были написаны в первую очередь для мужчин: «безусловно, это текст, ориентированный на мужчин. Книга Притчей обращается к мужчинам и их проблемам. <...> Когда речь идёт о женщинах — будь это предупреждение, жалоба или похвала, — это всегда делается с точки зрения их ценности, опасности или источника раздражения для мужчин» [Fox 2010: 16–17]. Иисус вышел за рамки этого статус-кво, не только рассказывая свои притчи как мужчинам, так и женщинам, но и включая в свои повествования добродетельных, а иногда и напористых женщин. Например, радостную и прилежную женщину, которая нашла потерянную монету и пригласила своих соседей отпраздновать это с ней (Лк. 15:8–10), настойчивую и энергичную вдову, которая добилась справедливого суда у нечестивого судьи (Лк. 18:1–8), и пять дев, которые ждали жениха с запасом масла на случай его задержки и отказались делиться им с пятью неподготовленными девушками (Мф. 25:1–13). Эти женщины — достойные уважения герои его историй, а не соблазнительные прелюбодейки, фигурирующие в Книге Притчей. И так же, как Иисус делал их героинями своих историй, он приглашал их в свою жизнь.

Он ценил женщин, которые следовали за ним и поддерживали его, в том числе финансово: «Мария, называемая Магдалиной, <...> Иоанна, жена Хузы, управляющего у Ирода; Сусанна и многие другие, которые, используя свои собственные средства, служили Иисусу и Его ученикам» (Лк. 8:2–3). Он также с удовольствием пользовался гостеприимством Марии, Марфы и их брата Лазаря в их доме в Вифании (Ин. 12:2–3). Жизнь Иисуса и его притчи разительно отличаются от исключительно мужского сообщества Храма, школы писцов или синагоги. Он действительно преобразовал традицию мудрости своего времени.

Глава десятая
Заключение

Вполне допустимо задаться вопросом, является ли сам Иисус автором притч, приписываемых ему. Большинство исследователей считает, что это так, и некоторые даже использовали критический анализ источников и форм, чтобы попытаться определить, как повторяющиеся темы и сюжеты в его рассказах находят отражение в Синоптических Евангелиях (например, диаграммы Дж. Маркуса в его книге [Marcus 2010]). Многие учёные полагают, что притчи Иисуса — это древнейший и наиболее аутентичный слой Евангелий. Нельзя исключать возможность того, что среди его учеников или слушателей были люди, записывавшие его рассказы. Например, сборщик налогов Матфей из числа двенадцати учеников в силу своего рода занятий должен был овладеть навыками чтения, письма и счёта задолго до того, как Иисус призвал его следовать за собой. О существовании табличек для письма, вероятно покрытых воском, свидетельствует эпизод, где поражённый немотой отец Иоанна Крестителя «просит дощечку», чтобы написать: «Имя ему Иоанн» (Лк. 1:63). В Евангелии от Матфея также упоминается книжник, пожелавший полностью посвятить себя Иисусу: «К Нему подошёл тогда один из книжников и сказал: "Учитель, я хочу следовать за Тобой, куда бы Ты ни шел"» (Мф. 8:19).

Если краткие записи рассказанных Иисусом притч действительно были записаны и получили распространение среди тех, кто после его смерти проявлял глубокий интерес к его учению, то это могло бы объяснить сходство некоторых рассказов, появляющихся с определёнными вариациями в разных Евангелиях. Если бы эти рассказы претерпели радикальные изменения, то ближайшие последователи Иисуса, которые слышали их из его уст, наверняка бы озвучили свои возражения. После его воскресения его слова, вероятно, стали почитаться не меньше, если не больше, чем послания апостола Павла, которые распространялись среди церквей и, вероятно, хранились раннехристианской церковью так же, как древние священные тексты сохранялись книжниками и лидерами еврейского сообщества.

Кроме того, никто не сомневается, что апостол Павел, учившийся у Гамалиила в Храме, умел читать и писать. То, как Павел при написании своих посланий ссылается на самые различные тексты Писания, показывает, как много из них он знал наизусть, а также как хорошо он умел их использовать для обоснования и разъяснения своих идей членам новой христианской церкви. К тому же Павел диктовал большинство своих писем писцам, которые, очевидно, тоже были грамотны. Таким образом, идея записывать слова своего господина и учителя не была чужда имевшим образование последователям Иисуса, как во время его земной жизни, так и после его смерти. Притчи Иисуса достаточно коротки и лишены избыточных украшений, так что их основную структуру было несложно записать.

Если притчи Иисуса — это действительно древний слой новозаветной литературы, близкий к реально произнесённым им словам, то любые богословские концепции, которые можно из них извлечь, становятся крайне важными. Если одной из таких идей является необычайная щедрость Бога, то это соответствует словам, которые сам Иисус назвал главной заповедью, прежде чем начать рассказывать притчу о добром самаритянине: «Люби Господа Бога твоего всем сердцем своим, всей душою своей, всей силой своей и всем умом своим и ближнего своего — как самого себя» (Лк. 10:27). И Иисус, и законоучитель согласны между собой в том, что эта заповедь, записанная во Втор. 6:5 и Лев. 19:18 Еврейской Библии, имеет огромное значение. Возможно ли, чтобы эта заповедь о любви, которую требует Бог от народа, с которым был заключён его завет, в равной мере отражала ту данную в завете любовь, которую Бог испытывает к ним? Любит ли он каждого из них настолько глубоко — божественной любовью, которая аналогична человеческой любви всем сердцем, душой, силой и умом, — что принимает их обратно, когда они по своей воле, подобно блудному сыну или кающемуся сборщику налогов, возвращаются к нему? Многие притчи Иисуса позволяют предположить, что это действительно так.

Основываясь на свойственном ему понимании основополагающей концепции Книги Притчей — «страхе Господнем», — Иисус не пытается утвердить и оправдать политическую или военную революцию — чего ожидали от Мессии многие его последователи. Вместо этого через свои притчи он обращается к отдельным слушателям и, позднее, читателям, побуждая их делать выбор в пользу верных, направленных к святости поступков, которые в итоге изменят свойства их личности к лучшему. Чтобы раз за разом поступать именно так, им необходимо бояться Бога и иметь веру в Иисуса и его учение. Таким образом, притчи раскрывают, что такое подлинная вера и сострадание, демонстрируя, как они проявляются в реальных жизненных ситуациях, знакомых современникам Иисуса; они могут быть применены и спустя две тысячи лет к реальным жизненным ситуациям слушателей и читателей Евангелий.

И евангельские притчи, и изречения Книги Притчей предъявляют строгие моральные требования к тем, кто вчитывается в них. Однако в своей книге я не утверждаю, что притчи Иисуса являются развитием изречений Книги Притчей в смысле «эволюции жанра» (*Gattung*). Изречения Книги Притчей — а далеко не все из них были использованы в притчах Иисуса — скорее похожи на строительные блоки из глины, которые он мог компоновать и украшать для своих целей нравственного обучения слушателей, в особенности для провозглашения своего нового «Царствия Божия». Изречения Книги Притчей, как и евангельские притчи, являются $m^e salim$ — термин, обозначающий особый тип литературы, произведения, которые предъявляют некие требования к своим слушателям и читателям [Fox 2010: 54–55]: к нему относятся народные пословицы, изречения мудрецов, загадки, аллегории и притчи. Тот, к кому обращён $m\bar{a}\check{s}\bar{a}l$, должен провести сравнение между его содержанием и тем, что с ним или с ней происходит в реальной жизни. Результатом может быть получение нового знания, а возможно, и положительные изменения в поведении, если сам человек готов к таким изменениям. Как было показано выше, и Ф. Кафка, и А. Трокме в двадцатом веке признавали силу этого жанра и использовали его в художественных и духовных целях. Кафка, талантливый секуляризированный еврей, пытался передать свою личную и метафизическую растерянность перед тайной жизни и какими-либо возможными отношениями с Богом. Убеждённый христианин Трокме, проницательный библеист и проповедник, вероятно, осознал силу воздействия притч, видя реакции людей, услышавших притчи Иисуса на церковном собрании.

Примеры И. Иеремиаса и К. Бломберга показывают, что многие библеисты не воспринимали притчи Иисуса как художественные произведения, видя в них лишь способ научения, приравнивая одну притчу к одному уроку [Jeremias 1954] или, возможно, к трём, в том случае, если в притче было три главных героя [Blomberg 2012]. В своей книге я стремлюсь посмотреть на притчи под новым углом зрения, рассмотрев их художественную ценность, связывающую их с изречениями Книги Притчей. Такое расширенное ви́дение притч не умаляет более традиционного подхода к их изучению, но добавляет к нему новые грани, углубляя понимание слушателем или читателем их художественной ценности. Это, в свою очередь, ведёт к признанию мастерства их автора — Иисуса, создавшего эти оригинальные рассказы. Для тех, кто верит в божественность Иисуса, признание факта его художественного мастерства может добавить новые грани в их духовную жизнь, ведь они, возможно, никогда не думали о воплощённом Боге как о творце художественных произведений. Может быть, они сами будут больше заниматься творчеством или будут более благодарны за творческие усилия других. Для тех, кто не верит в его божественность, восприятие Иисуса как создателя художественных произведений, притч, также может быть поучительным и побуждать к размышлениям.

Связь между евангельскими притчами и изречениями Книги Притчей, которую я демонстрирую, открывает возможность навести мост между христианами и иудеями, поскольку и те и другие ищут Божию мудрость. И те и другие стремятся воплотить, понять и действовать в соответствии с мудростью, в соответствии с этическими представлениями, угодными Богу, и притчи показывают пример практического применения «заповеди любви», общей для обеих религий. Иисус, будучи евреем, в своих притчах опирался на изречения из Еврейской Библии, и некоторые евреи, читая его литературные произведения, — как, например, раввин Ф. Штерн, — признали, что мудрость содержат как еврейские изречения, так и христианские притчи. Этот читатель, еврей, проявил необычайную проницательность, связывая определённые изречения библейских мудрецов с некоторыми притчами Иисуса, — открытие, которое я сделала, читая его книгу «A Rabbi Looks at Jesus' Parables» уже после того, как бо́льшая часть моей рукописи была написана. Это может указывать на свойственную евреям особую чувствительность к литературе мудрости Еврейской Библии, особенно к Книге Притчей, связанной с Торой и Пророками. Раввин Штерн пишет: «Сегодня большинство евреев мало знают о Новом Завете, а большинство христиан не осведомлены о своих еврейских корнях. Возможно, эта книга станет мостом, соединяющим соседей друг с другом» [Stern 2006: 280]. Многие притчи Иисуса уделяют особое внимание процессу возрастания и созревания, как у растений, так и у людей, подобному «верному пути» праведного человека, о котором говорится в Книге Притчей. Христиане и иудеи могут разделить друг с другом это внимание к духовному и нравственному развитию, будучи верующими в Бога людьми и поступая нравственно благодаря этой вере.

Список евангельских притч

Притча о брачном пире: Лк. 14:7–11
Притча о неразумном богаче: Лк. 12:16–21
Притча о добром самаритянине: Лк. 10:30–36
Притча о блудном сыне: Лк. 15:11–32
Притча о заблудшей овце: Лк.15:3–7
Притча о заблудшей овце: Мф. 18:12–14
Притча о потерянной монете: Лк. 15:8–10
(Предвосхищение притчи о блудном сыне)
Притча о предусмотрительном управляющем: Лк. 16:1–13
Притча о щедром владельце виноградника: Мф. 20:1–16
Притча о настойчивой женщине: Лк. 18:2–8
Притча Натана об овечке: 2 Цар. 12:1–7a
Притчи о сеятеле: Лк. 8:5–8, Мк. 4:3–9
Притчи о строителях дома: Лк. 6:47–49, Мф. 7:24–27
Притчи Иисуса о «Царстве Небесном»:
Притча о другом сеятеле: Мф. 13:3–9
Притча о пшенице и плевелах: Мф. 13:24b–30
Притча о бесплодной смоковнице: Лк. 13:6–9
Притча о горчичном зерне: Мф. 13:31b–32
Притча о горчичном зерне: Лк. 13:18–19
Притча о закваске: Мф. 13:33
Притча о закваске: Лк. 13:20–21
Притча о тайном росте семени: Мк. 4:26–29
Притчи о скрытом сокровище, жемчужине и неводе: Мф. 13:44–50
Притчи о старой и новой ткани и старом и новом вине: Лк. 5:36–39
Притча о человеке, считающем себя праведным, и о грешнике (притча о мытаре и фарисее): Лк. 18:9–14
Притча о смоковнице в конце лета: Мф. 24:32–33
Притча о добрых и жестоких слугах-управителях: Мф. 24:44–51
Притча о еще одном брачном пире: Десять дев: Мф. 25:1–13

Притча о другой закрытой двери: Лк. 13:25–30

Притча о богаче и Лазаре: Лк. 16:19–31

Притчи о талантах: Мф. 25:14–30, Лк. 19:12–27

Диалог с хозяином: Лк. 7:41–43

и Притча о немилосердном слуге: Мф. 18:23–35

Притча о пире: Лк. 14:16b-24

Притча о послушном и непослушном сыновьях (Притча о блудном сыне): Мф. 21:28–32

Другая притча о винограднике: Мф. 21:33–41

Притча о краеугольном камне: Мф. 21:42–44

Притча о мстительных гостях свадебного пира и хозяине: Мф. 22:2–14

Заключительная притча: Иисус как «виноградная лоза»: Ин.15:1–10

Библиография

Albright, Mann 2011 — Albright W. F., Mann C. S. Matthew // The Anchor Yale Bible. Vol. 26. New Haven: Yale University Press, 2011.

Alter 1989 — Alter R. The Pleasures of Reading in an Ideological Age. New York: Simon and Schuster, 1989.

Alter 2019 — Alter R. The Writings, KETUVIM. A Translation with Commentary // The Hebrew Bible. Vol. 3. New York: W. W. Norton, 2019.

Anderson 2014 — Anderson I. How Did the Boy Jesus Learn the Scriptures? // Sabbath School Net: Seventh-Day Adventist Bible Study and Discussion. Posted on January 23, 2014. URL: http://ssnet.org/blog/boy-jesus-learn-scriptures/ (дата обращения: 29.01.2025).

Bailey 1983 — Bailey K. Poet and Peasant and Through Peasant Eyes: A Literary-Cultural Approach to the Parables in Luke. Michigan: William B. Eerdmans, 1983.

Berger 1980 — Berger P. L. The Heretical Imperative: Contemporary Possibilities of Religious Affirmation. Doubleday: Anchor Books, 1980.

Blomberg 2012 — Blomberg C. L. Interpreting the Parables. 2nd ed. Illinois: IVP Academic, 2012.

Buttrick 2000 — Buttrick D. Speaking Parables: A Homiletic Guide. Louisville: Westminster John Knox Press, 2000.

Desaix, Ruelle 2007 — Desaix D. D., Ruelle K. G. Hidden on the Mountain: Stories of Children Sheltered from the Nazis in Le Chambon. New York: Holiday House, 2007.

Fox 2009 — Fox M. V. Proverbs 10–31 // The Anchor Yale Bible. Vol. 18B. New Haven: Yale University Press, 2009.

Fox 2010 — Fox M. V. Proverbs 1–9 // The Anchor Yale Bible. Vol. 18A. New Haven: Yale University Press, 2010.

Jeremias 1954 — Jeremias J. The Parables of Jesus / Trans. by S. H. Hooke. London: SCM Press, 1954.

King 2010 — King Jr. M. L. Strength to Love. Minneapolis: Fortress Press, 2010.

Lord 1978 — Lord A. B. The Singer of Tales. New York: Atheneum, 1978.

Marcus 2009 — Marcus J. Mark 8–16 // The Anchor Yale Bible. Vol. 27A. Yale University Press, 2009.

Marcus 2010 — Marcus J. Mark 1–8 // The Anchor Yale Bible. Vol. 27. Yale University Press, 2010.

Maslow 1954 — Maslow A. H. Motivation and Personality. New York: Harper & Row, 1954.

McFague 1975 — McFague S. Speaking in Parables: A Study of Metaphor and Theology. Minneapolis: Fortress Press, 1975.

Peterson 2008 — Peterson E. H. Tell It Slant: A Conversation on the Language of Jesus in His Stories and Parables. Michigan: William B. Eerdmans, 2008.

Polk 1983 — Polk T. Paradigms, Parables, and Mĕšālîm: On Reading the Māšāl in Scripture // The catholic biblical quarterly. 1983. Vol. 45. № 4. P. 564-583.

Rohrbaugh 1993 — Rohrbaugh R. L. A Peasant Reading of the Parable of the Talents/Pounds: A Text of Terror? // Biblical Theology Bulletin: A Journal of Bible and Theology. 1993.

Schneiders 1999 — Schneiders S. M. The Revelatory Text: Interpreting the New Testament as Sacred Scripture. Minnesota: The Liturgical Press, 1999.

Stern 2006 — Stern F. A Rabbi Looks at Jesus' Parables. Maryland: Rowman & Littlefield, 2006.

Tolbert 1977 — Tolbert M. A. The Prodigal Son: An Essay in Literary Criticism from a Psychoanalytic Perspective // Semeia 9: Polyvalent Narration / Ed. by John Dominic Crossan. Society of Biblical Literature, 1977.

Trocmé 1953 — Trocmé A. The Politics of Repentance: The Robert Treat Paine Lectures for 1951 / Trans. by John Clark. Friendship Publications, 1953.

Trocmé 1998 — Trocmé A. Angels and Donkeys: Tales for Christmas and Other Times / Trans. by Trocmé Hewett N. Surrey: Good Books, 1998.

Van der Toorn 2007 — Van der Toorn K. Scribal Culture and the Making of the Hebrew Bible. Harvard: Harvard University Press, 2007.

Источники

Ачебе 1964 — Ачебе Ч. И пришло разрушение... / Пер. с англ. Н. Дынник-Будавей и Э. Раузикой. М.: Художественная литература, 1964.

Беньян 2023 — Беньян Дж. Путешествие Пилигрима в Небесную Страну / Пер. с англ. Ю. Засецкой. М.: АСТ, 2023.

Библия 2015 — Библия. Книги Священного Писания Ветхого и Нового Завета в современном русском переводе под ред. М. П. Кулакова и М. М. Кулакова. М.: ББИ, 2015.

Библия 2010 — Библия. Синодальный перевод. М.: РБО, 2010.

Джойс 2013 — Джойс Дж. Улисс / Пер. с англ. С. Хоружего. М.: Эксмо, 2013.

Сервантес 1963 — Сервантес Сааведра М. де. Хитроумный идальго Дон Кихот Ламанчский / Пер. с испан. Н. Любимова. М.: Гослитиздат, 1963.

Фолкнер 1985 — Фолкнер У. Шум и ярость. Собрание сочинений в 6 т. / Пер. с англ. О. Сороки. Т. 1. М.: Художественная литература, 1985.

Хемингуэй 2018 — Хемингуэй Э. Прощай, оружие! / Пер. с англ. Е. Калашниковой. М.: АСТ, 2018.

Эпос 2006 — Эпос о Гильгамеше / Пер. с аккад. И. М. Дьяконова. СПб.: Наука, 2006.

Merriam-Webster 2003 — Merriam-Webster «oracle» / Merriam-Webster Dictionary and Thesaurus. Tennessee: Abingdon Press, 2003.

The Holy Bible. New King James Version. Edinburg: Thomas Nelson, 2010.

Предметно-именной указатель

Оглавление

Научное издание

Кэрол Дж. Ламберт
ОТ КНИГИ ПРИТЧЕЙ — К ПРИТЧАМ ЕВАНГЕЛИЙ
Творческая мудрость Иисуса

Директор издательства *И. В. Немировский*
Ответственный редактор *О. Немира*
Куратор серии *С. Козин*
Заведующий редакцией *А. Наседкин*

Дизайн *И. Граве*
Редактор *Е. Голубева*
Корректоры *А. Хижун, А. Филимонова*
Верстка *Е. Падалки*

Подписано в печать 29.05.2025.
Формат издания 60 × 90 $^1/_{16}$. Усл. печ. л. 12,0.
Тираж 200 экз.

ООО «Библиороссика».
198207, г. Санкт-Петербург, а/я № 8

Эксклюзивные дистрибьюторы:
ООО «Караван»
ООО «КНИЖНЫЙ КЛУБ 36.6»
http://www.club366.ru
Тел./факс: 8(495)9264544
e-mail: club366@club366.ru

Книги издательства можно купить
в интернет-магазине: www.bibliorossicapress.com
e-mail: sales@bibliorossicapress.ru

12+